Mara von Eichen

KEINE PANIK !

Der ultimative Hitzewelle Surf-ival Guide durch das Menopause Universum

Mara von Eichen

KEINE PANIK !

Der ultimative Hitzewelle Surf-ival Guide durch das Menopause Universum

Impressum

Alle Rechte der Vervielfältigung, Bearbeitung und Übersetzung, ganz oder teilweise, sind für alle Länder vorbehalten. Die Autorin oder der Autor oder Herausgeber ist alleinige*r Inhaber*in der Rechte und verantwortlich für den Inhalt dieses Buches. Das Gesetz über geistiges Eigentum verbietet Kopien oder Vervielfältigungen, die für eine kollektive Nutzung bestimmt sind. Jede vollständige oder teilweise Darstellung oder Vervielfältigung, die durch ein beliebiges Verfahren ohne die Zustimmung der Autorin oder des Autors oder seinen Berechtigten oder Rechtsnachfolger*innen erfolgt, ist rechtswidrig und stellt eine Fälschung im Sinne der Artikel L.335-2 ff. des Gesetzes über das geistige Eigentum dar.

© 2025 Mara von Eichen
Verlag: BoD · Books on Demand GmbH,
Überseering 33, 22297 Hamburg, bod@bod.de
Druck: Libri Plureos GmbH,
Friedensallee 273, 22763 Hamburg
ISBN: 978-3-8192-0089-2

MIX
Papier aus verantwortungsvollen Quellen
Paper from responsible sources
FSC
www.fsc.org
FSC® C105338

Inhaltsverzeichnis

Inhaltsverzeichnis.. I

Vorwort.. 9

Einleitung..11

Plötzlich tropisch!–Hitzewallungen und warum du dich fühlst wie ein Vulkan..13

Es knirscht im Getriebe–Gelenke, Knochen&Co. melden sich zu Wort..19

Bye-bye Bikinifigur? –Wenn der Stoffwechsel auf Slow-Motion schaltet..23

Östrogen–Die Diva verabschiedet sich........................29

Gefühle außer Kontrolle–Lachen, Weinen,Ausrasten in 10 Minuten.. 35

Wut im Bauch - Wie du deine innere Kriegerin zähmst........39

Die Suche nach der inneren Zen- Göttin Vom Duracell-Hasen zur Gelassenheits- Queen..45

Der Jakobsweg der Seele –Warum diese Lebensphase eine Chance ist..51

Cabrio oder Yoga-Retreat? – Die Menopause als Wendepunkt 57

Mutter, Oma, Ich? –Die neue Rolle in Familie&Gesellschaft. .63

Liebe in Zeiten der Hormon- Achterbahn Wie Beziehungen sich verändern..69

Digitale Frustration und andere Nervfaktoren –Technik trifft Hitzewallung...75

Karriere,Neustart oder endlich ich selbst?–Beruflicher Wandel in der zweiten Lebenshälfte...81

Neue Hobbys oder Couch-Potato?– Was du jetzt für dich tun kannst...87

Der Körper als Projekt–Muskelkater, Beckenboden & Co.......91

Weniger ist mehr –Minimalismus und Loslassen als neue Superkraft...99

Gesundheit ist das neue Schönheitsideal–Was wirklich zählt 103

Mit 50 auf der Überholspur –Warum die besten Jahre erst anfangen..109

Schlusswort: Deine Reise geht weiter...............................115

„Die einzige Konstante im Leben ist der Wandel." –
Heraklit

Vorwort

Es gibt Momente im Leben,die wir–wenn wir ganz ehrlich sind–gerne überspringen würden. Und dann gibt es die Menopause. Eine Zeit,die sich oft anfühlt wie ein nie enden wollender Sturm aus Hitzewellen, Schlaflosigkeit und dem gelegentlichen Verlust der eigenen Geduld. Ich kann mich noch genau erinnern,wie wir früher über diese „Phase"gelacht haben, als ob sie etwas wäre, das nur anderen Frauen passiert –bis es uns selbst erwischte.

In diesem Buch möchte ich mit euch einen humorvollen und gleichzeitig ehrlichen Blick auf all das werfen,was mit der Menopause einhergeht. Aber keine Sorge, dies ist kein weiterer trockener Ratgeber über Hormone und Hitzewellen. Es ist ein Begleiter für die Seele, der uns zeigt,dass wir diese Reise nicht nur überstehen können,sondern dass wir sie auch feiern sollten.

Ich bin mir sicher, dass viele von uns das Gefühl kennen: Plötzlich bist du mitten in einer Lebensphase, von der du nie so recht wusstest, wie sie wirklich ist und vor allem, wie du damit umgehen sollst. Aber wisst ihr was? Wir sind nicht alleine!Und mit einer guten Portion Humor,ein bisschen Selbstironie und vor allem mit der Unterstützung von Menschen,die wissen, was wir durchmachen,können wir diese Zeit nicht nur überleben,sondern wirklich genießen.

Dieses Buch ist für jede Frau,die sich fragt: „Was passiert hier gerade mit mir?" Es ist für all die Momente, in denen du denkst: „Bin ich die Einzige, die so fühlt?"–Nein,bist du nicht! Es ist auch für alle, die mit uns auf diesem wilden

Ritt durch die Wechseljahre unterwegs sind und sich
darüber im Klaren werden: Wir haben noch viel vor!
Lasst uns gemeinsam den Fächer schwingen, uns über
die kleinen(und großen)Herausforderungen dieser Lebensphase austauschen und uns gegenseitig auf dem
Weg begleiten. Denn eins ist sicher: Auch wenn der Weg
steinig ist und wir hin und wieder ins Schwitzen geraten –
wir sind dabei, und wir machen
das Beste draus.
Mit diesem Buch möchte ich euch nicht nur auf- zeigen,
was alles passiert, sondern auch,wie wir uns gegenseitig
unterstützen und uns selbst feiern können– in jeder Hitzewelle und jeder
Phase,die noch kommt.

Auf uns – auf die Frauen,die sich nicht verstecken,son-
dern stolz in die Zukunft gehen!

Einleitung

Willkommen im aufregendsten, heißesten und unvorher-
sehbarsten Abenteuer, das der weibliche Körper zu bieten hat: der Menopause.Wer hätte gedacht, dass wir
eines Tages an diesem Punkt landen würden, den wir
früher nur belächelt haben?„Menopause? Pfft,das ist
doch für andere Frauen!"Doch hier sind wir,und es ist
keine Übung.

In diesem Buch geht es nicht nur um Hitzewellen,
Schlafstörungen und die Frage,warum auf einmal alles
so schmerzhaft und launisch wird. Es geht darum, dass
wir diese Phase nicht als Ende,sondern als einen Neuan-
fang sehen.Es geht darum,uns zu erinnern,dass wir uns
in jeder Lebensphase feiern dürfen –mit oder ohne
Schweißperlen auf der Stirn.

Die Menopause ist kein Thema,das man in einem kleinen,dunklen Kämmerchen versteckt. Es ist Zeit,darüber
zu sprechen, zu lachen und uns gegenseitig zu unter-
stützen.Denn am Ende des Tages sind wir nicht allein.
Wir sind viele,wir sind stark und –ja, wir sind ziemlich
cool,auch wenn wir gerade etwas mehr Kühlschrank-
platz brauchen.

Also,schnapp dir deinen Fächer und ein kühles Getränk,
und lass uns gemeinsam durch diese Reise surfen.Keine
Panik! Du bist nicht alleine auf diesem wilden Ritt durch
das Menopause-Universum.

Plötzlich tropisch!–Hitzewallungen und warum du dich fühlst wie ein Vulkan

Es ist wie ein ungebetener Gast, der plötzlich und ohne Vorwarnung auftaucht.Du sitzt ganz entspannt auf dem Sofa,mit einer Tasse Kaffee in der Hand, vielleicht sogar während einer Besprechung oder beim gemütlichen Fernsehen.Alles ist ruhig und dann – BÄM! Plötzlich durchflutet eine enorme Hitzewelle deinen Körper,als hätte jemand heimlich einen Hochofen unter deiner Haut eingeschaltet. Dein Gesicht wird rot, du fängst an zu schwitzen,als hättest du gerade eine Stunde lang auf einem Laufband verbracht, und alles, was du jetzt tun möchtest, ist entweder deine Klamotten sofort von deinem Körper zu reißen oder dich am liebsten in einen Kühlschrank zulegen.Es fühlt sich an, als würde deine innere Temperatur mit einem einzigen Klick ins Unermessliche steigen.

Willkommen in der Tropenzone deines Körpers–die Wechseljahre haben offiziell begonnen!

Warum passiert das überhaupt?

Hitzewallungen – sie kommen schnell und heftig und hinterlassen uns oft ratlos und unvorbereitet.

Aber was passiert eigentlich hinter den Kulissen? Ganz einfach: Dein Körper hat einen Fehlalarm geschaltet. Der Hypothalamus, das Temperaturkontrollzentrum deines Gehirns, gerät aus dem Gleichgewicht.

Normalerweise sorgt dieser kleine, aber mächtige Teil deines Gehirns dafür, dass deine Körpertemperatur immer im optimalen Bereich bleibt, indem er dich entweder zum Schwitzen bringt, wenn es zu warm wird, oder dafür sorgt, dass du frösteln musst, wenn es zu kalt ist.

Doch mit dem Absinken des Östrogenspiegels gerät der Hypothalamus völlig aus der Bahn. Und dann passiert das Unglaubliche: Harmloseste Temperaturschwankungen interpretiert er als drohende Überhitzung und löst eine „Notfallaktion" aus, die deinen Körper wie einen Vulkan explodieren lässt.

Was macht dein Körper dann?

Wenn der Hypothalamus alarmiert ist, aktiviert er sofort die Kühlmechanismen deines Körpers – aber oft viel zu heftig und viel zu schnell. Deine Blutgefäße weiten sich plötzlich aus, was dazu führt, dass dein **Gesicht und dein Oberkörper intensiv heiß werden.** Deine Schweißdrüsen sind völlig überfordert und schütten unkontrolliert Schweiß aus, als wäre es der letzte Tropfen Wasser in der Wüste. Doch du warst weder überhitzt noch in Gefahr zu kollabieren – es ist lediglich ein Fehlalarm. Es ist, als würde ein Rauchmelder losgehen, nur weil jemand ein Streichholz entzündet hat, und dir damit eine Panikattacke auslöst, die eigentlich völlig unbegründet ist. Dein Körper reagiert zu heftig auf eine nicht existierende Bedrohung.

Ulrikes Geschichte: Vom Eiswürfel-BH und einer neuen Freiheit

Ulrike, 52 Jahre alt, hatte sich die Wechseljahre immer als eine Zeit vorgestellt, in der man vielleicht ein paar Hitzewallungen hat, ein bisschen schlechter schläft und insgesamt trotzdem durchkommt. Aber die Realität hat sie eines Besseren belehrt – und das war ein echter Kulturschock.

„Ich stand mitten im Supermarkt, als es passiert ist", erzählt sie lachend. „Es war, als würde jemand einen Schalter umlegen – plötzlich wurde mir so heiß, dass ich dachte, ich platze gleich. Ich habe mir die Jacke vom Leib gerissen, dann den Schal hinterher – und dann war da dieses kleine Kind, das mich entsetzt ansah und rief: „Mama, die Frau zieht sich aus!"

Ulrike lacht heute über den Vorfall, aber damals war es ihr extrem peinlich.
„Ich hatte ständig Kühlpacks bei mir – im Auto, im Büro, sogar in meinem BH! Mein Mann hat mich einmal erwischt, als ich mir Eiswürfel in den Ausschnitt gesteckt habe, und meinte trocken: „Ist das jetzt der neueste Beauty-Trend?"

Die Wechseljahre haben Ulrike jedoch nicht nur zu einer unfreiwilligen Expertin im Bereich der Kühlung gemacht, sondern sie auch eine neue Freiheit entdecken lassen.
„Früher habe ich mir ständig Gedanken darüber ge-macht, was andere denken könnten. Aber jetzt? Ist mir das völlig egal. Ich ziehe an, was mir gefällt, sage, was ich denke, und wenn ich Lust auf ein Eis am Morgen habe, dann esse ich es! Die Wechseljahre haben mir

gezeigt, dass es Zeit ist, mein Leben nach meinen eigenen Regeln zu leben. Und wenn das bedeutet, dass ich
mir mitten im Sommer einen Fächer aus der Handtasche ziehe – dann ist das eben so!"

Wie fühlt sich eine Hitzewelle an?

 (Als ob du es nicht eh schon wüsstest…)

Plötzliche Hitzewellen können zu jeder Tages- und
Nachtzeit auftreten – ob im Meeting, auf der Couch
oder mitten in der Nacht im Bett. Und wenn es passiert,
fühlt es sich an, als ob jemand deine innere Temperatur
auf die höchste Stufe stellt.

- Ein Schweißausbruch, der dich aussehen lässt,
  als hättest du gerade einen Marathon absol-
  viert.

- Ein Gefühl, dass dein eigener Körper plötzlich
  gegen dich arbeitet – eben noch fröstelnd, und
  jetzt innerlich ein Vulkan.

- Das dringende Bedürfnis, dich entweder sofort
  auszuziehen oder – wenn du eine echte Drama-
  Queen bist – in den nächstgelegenen Kühlschrank zu springen.

- Ein innerer Kampf zwischen der Lust, dich zu
  verstecken, und der Panik, dass du gleich ohn-
  mächtig wirst.

Was hilft?

 (Nein, Auswandern in die Arktis ist keine Lösung.)

Es gibt tatsächlich einiges, was du tun kannst, um mit den unwillkommenen Hitzeanfällen besser umzugehen:

1. Schichtarbeit – aber mit Klamotten!

Der Zwiebellook ist dein bester Freund. Zieh dich in mehreren dünnen Schichten an, damit du schnell reagieren kannst, wenn die Hitze dich überrollt. Ein leichter Lagenlook hilft dir dabei, spontane Striptease-Momente in der Öffentlichkeit zu vermeiden.

2. Kühl dich clever runter!

Halte kalte Getränke, Kühlpacks oder einen Ventilator griffbereit. Eine Sprühflasche mit Wasser in der Handtasche ist ebenfalls eine schnelle Rettung – sprüh dir einfach das Gesicht nass und atme tief durch.

3. Kaffee- und Weinsperre am Abend

Ja, es tut weh. Aber Koffein und Alkohol können die Hitzewallungen nur noch schlimmer machen. Probiere es stattdessen mit einem beruhigenden Kräutertee oder Wasser mit Zitrone, um deinem Körper abends etwas Ruhe zu gönnen.

4. Atmen statt Fluchen

Auch wenn es schwerfällt – tiefes Atmen hilft. Atme langsam durch die Nase ein, halte drei Sekunden, und atme dann langsam durch den Mund wieder aus. Oder du versuchst es mit einer anderen Technik: Einmal laut „Verdammte Axt!" rufen, wenn das hilft – was auch immer dich mehr entspannt.

5. Ab ins kalte Bett

Nachtschweißattacken sind nicht selten ein Begleiter der Wechseljahre, aber mit ein paar Tricks lässt sich der Schlafkomfort steigern. Leichte Bettdecken, offene Fenster oder ein kühlendes Kissen können wahre Wunder wirken. Alternativ kannst du dir einen Kühlakku unter das Kopfkissen legen (denk dran, ein Handtuch drumherum zu wickeln, damit du dich nicht erkältest).

Fazit: Willkommen im Club der heißen Frauen!

Ja, Hitzewallungen sind unangenehm und können in den unpassendsten Momenten auftreten. Aber sie sind auch ein Zeichen dafür, dass du eine neue, kraftvolle Lebensphase erreicht hast. Also statt dich über die Tropen in deinem Körper zu ärgern, nimm sie mit Humor, bleibe cool und nutze die Gelegenheit, dein Leben auf deine eigene Weise zu leben.

Du bist nicht allein in dieser heißen Phase – du bist eine heiße Frau, die gerade ihre neue Freiheit entdeckt!

Es knirscht im Getriebe—Gelenke, Knochen&Co. melden sich zu Wort

Erinnerst du dich an die Zeiten, als du morgens einfach aus dem Bett gesprungen bist?

Nun ja, die Zeiten sind vorbei.

Jetzt fühlt es sich eher so an, als hätte dein Körper über Nacht eine Version von sich selbst heruntergeladen, die mindestens zehn Jahre älter ist. Deine Gelenke knacken, dein Rücken meckert, und dein erster Gedanke ist nicht: „Was steht heute an?", sondern: „Warum tut mein Knie weh – ich hab doch gar nichts gemacht?!"

Willkommen im Club!

Wenn die Wechseljahre anklopfen, kommen leider oft ein paar körperliche Nebenwirkungen mit: steife Gelenke, plötzliche Wehwehchen und Muskeln, die sich anfühlen, als wären sie über Nacht geschrumpft.

Warum tut plötzlich alles weh?

Ja, du hast es erraten: Östrogen war auch hier der geheime Joker.

Östrogen sorgt nicht nur für den reibungslosen Ablauf deines Zyklus, sondern auch dafür, dass deine Gelenke geschmeidig bleiben, deine Muskeln elastisch sind und deine Knochen stabil.

Wenn der Spiegel sinkt, passiert Folgendes:
– Gelenke werden steifer, weil das Knorpelgewebe nicht mehr so gut durchfeuchtet wird. (Ja, anscheinend braucht nicht nur die Haut Feuchtigkeit!)

– Knochen verlieren an Dichte, weil Östrogen auch eine
Rolle beim Kalziumhaushalt spielt. (Hallo, Osteoporose-
Risiko!)
– Muskeln bauen sich langsamer auf, was bedeutet,
dass du nach einer halben Stunde Gartenarbeit Muskel-
kater hast, als hättest du einen Berg bestiegen.

Kurz gesagt:

Dein Körper fühlt sich an, als hätte jemand die Wartung
vernachlässigt – aber keine Sorge, du kannst einiges
tun, um ihn wieder geschmeidiger zu machen.

Heikes Geschichte: Wie aus einem Morgenmuffel eine Yogakönigin wurde

Heike, 57, war nie ein großer Fan von Sport. „Ich habe
mein Leben lang die Ausrede gehabt: Ich bin kein
Sportmensch."
Und das funktionierte auch einigermaßen gut – bis die
Wechseljahre zuschlugen.

„Eines Morgens wollte ich aufstehen – und mein Rücken
sagte einfach: Nö. Ich fühlte mich wie eine alte Tür, die
seit Jahren nicht mehr geölt wurde. Alles knirschte, alles
zog, und ich dachte nur: Okay, das war's. Ich werde
offiziell zum Roboter."

Dann kam ihre Freundin mit einer Idee um die Ecke:
Yoga.

„Ich habe zuerst gelacht. Ich und Yoga? Niemals! Ich
bin so unbeweglich, dass ich beim Versuch, meine Ze-
hen zu berühren, fast umgekippt bin." Aber ihre Freun-

din überredete sie zu einem sanften Kurs – und nach zwei Wochen war sie süchtig.

„Plötzlich konnte ich morgens ohne Ächzen aufstehen. Mein Rücken hat nicht mehr gemeckert, meine Knie haben sich wieder normal angefühlt, und als Bonus fühlte ich mich auch noch entspannter."

Heute ist Heike die Erste, die ihren Freundinnen Yoga empfiehlt.
„Früher hätte ich lieber eine Steuererklärung gemacht als Sport. Jetzt kann ich mir nicht mehr vorstellen, darauf zu verzichten. Es ist wirklich wie Öl für die Gelenke – und wenn ich mich mal wieder so fühle, als hätte ich mich über Nacht in eine alte Frau verwandelt, weiß ich: Ein paar Dehnübungen, und alles läuft wieder."

Was kannst du tun?
(Außer jeden Morgen einen Kran bestellen, um aus dem Bett zu kommen?)

☑ Bewegung – auch wenn's zwickt!
– Sanfte Dehnübungen am Morgen können Wunder wirken.
– Spazierengehen oder leichtes Yoga halten deine Gelenke geschmeidig.
– Krafttraining (mit Maß!) sorgt dafür, dass deine Muskeln die Gelenke besser stützen.

☑ Iss dich schmerzfrei
– Omega-3-Fettsäuren (in Fisch, Chiasamen oder Walnüssen) wirken entzündungshemmend.
– Vitamin D und Kalzium (aus Milchprodukten oder grü-

nem Gemüse) sind jetzt deine besten Freunde – deine
Knochen brauchen sie!
– Gewürze wie Kurkuma und Ingwer helfen nachweis-
lich bei Gelenkbeschwerden.

☑ Schmerzfrei schlafen? Versuch's mal so:
– Eine orthopädische Matratze oder ein gutes Kissen
kann Wunder wirken.
– Abends eine Wärmflasche oder ein warmes Bad –
Wärme entspannt Muskeln und Gelenke.
– Falls du nachts wach wirst, weil dein Rücken oder
deine Hüften schmerzen, probiere mal ein Seitenschlä-
ferkissen zwischen den Knien – das kann den Druck auf
die Gelenke reduzieren.

☑ Hyaluronsäure ist nicht nur für Falten da
– Es gibt Hinweise, dass Hyaluronsäure und Kollagen in
Nahrungsergänzungsmitteln helfen können, die Gelenke
besser zu schmieren.

Fazit:
Dein Körper ist kein altes Auto, sondern ein **Oldtimer** –
und Oldtimer brauchen gute Pflege!

Ja, es nervt, wenn sich dein Körper anfühlt, als wäre er
über Nacht zwanzig Jahre gealtert.
Aber keine Sorge – mit der richtigen Pflege kann er
noch viele, viele Kilometer zurücklegen!

Also: Bleib in Bewegung, füttere deine Knochen mit den
richtigen Nährstoffen, und hör auf deinen Körper, wenn
er dir Signale sendet.

Und falls du morgens doch mal knirschend aus dem
Bett steigst – denk dran:
Das ist nicht das Ende,
sondern nur der **Soundtrack deiner zweiten Lebenshälfte.**

Bye-bye Bikinifigur? –Wenn der Stoffwechsel auf Slow-Motion schaltet

Früher konntest du eine Tafel Schokolade essen, und es war, als wäre nichts passiert.
Heute? Einmal die Pralinenbox nur anschauen – zack, ist die Jeans zu eng. Willkommen in der Phase, in der dein Stoffwechsel beschlossen hat, in den Ruhestand zu gehen – leider ohne dich vorher zu fragen.

Warum wird Abnehmen plötzlich schwerer? Die Antwort ist simpel: Dein Körper hat sich gegen dich verschworen. Aber keine Panik! Wir gehen dem auf den Grund.

Die Geheimwaffe – Hormonelle Veränderungen

Es sind wieder mal die Hormone, die uns einen Streich spielen. Wenn der Östrogenspiegel sinkt, passiert Folgendes:

Dein Körper denkt: „Oh nein, wir könnten bald verhungern!" – und speichert Fett vorsichtshalber lieber, als es zu verbrennen.

Und wie reagiert er auf die plötzliche Rückkehr der „Notzeit"? Er schaltet den Fettverbrennungsmechanismus runter und lagert munter Fett ein – meistens am Bauch. Warum der Bauch? Naja, als ob der Platz da nicht schon eng genug wäre!

Aber es wird noch besser (nicht): Weniger Östrogen bedeutet auch weniger Muskelerhalt. Die Muskeln beginnen zu schwinden, was bedeutet, dass du im Ruhezustand weniger Kalorien verbrennst. Ja, selbst beim Faulenzen am Sofa.

Kurz gesagt: Du isst genau wie früher, aber dein Körper hortet Kalorien wie ein Eichhörnchen im Winter. Wer hätte das gedacht?

Die guten Nachrichten: Du kannst etwas tun!

Jetzt heißt es nicht: „Du musst hungern!" – ganz im Gegenteil. Du kannst deinen Körper austricksen und ihm wieder beibringen, wie man Fett verbrennt, ohne dass du auf alles verzichten musst.

1. Iss mehr – aber das Richtige!

Klingt paradox? Ist es nicht! Dein Körper braucht jetzt hochwertige Nährstoffe, um den Stoffwechsel in Schwung zu halten.

- **Mehr Eiweiß** – hilft, Muskeln zu erhalten und macht lange satt. Gute Quellen: Fisch, Eier, Hülsenfrüchte, griechischer Joghurt.

- **Gesunde Fette** – Avocado, Nüsse und Olivenöl helfen dem Hormonhaushalt.

- **Weniger Zucker und Weißmehl** – diese führen zu schnellen Blutzuckeranstiegen und bringen uns mehr Heißhunger.

2. Trickse deinen Stoffwechsel aus!

Iss nicht ständig! Dauer-Snacken hält den Insulinspiegel oben, und das bremst die Fettverbrennung.

Intervallfasten kann dir helfen, den Stoffwechsel zu aktivieren. Versuch es mal mit 14:10 oder 16:8 – was bedeutet, dass du in 8 Stunden isst und die restlichen 16 Stunden fastest. Es klingt vielleicht schwer, aber dein Körper wird es dir danken.

Und, ganz ehrlich: Scharfes Essen und grüner Tee sind nicht nur lecker, sondern auch wahre Fatburner!

3. Muskeln aufbauen – dein geheimer Joker!

Muskeln sind die kleinen Fettverbrennungsmaschinen in deinem Körper. Je mehr du davon hast, desto mehr Kalorien verbrennst du – selbst im Schlaf!

Du musst keine Bodybuilderin werden, aber 2–3 Mal pro Woche Krafttraining (oder einfach Alltagsbewegung wie Treppensteigen oder Spaziergänge) helfen enorm.

4. Schlaf dich schlank(er)

Schlafmangel lässt den Stresshormonspiegel steigen –
und das bedeutet mehr Bauchfett. 7–8 Stunden Schlaf
pro Nacht können Wunder wirken und helfen, Heißhun-
gerattacken zu vermeiden.

Jeanettes Geschichte: Der Tag, an dem sie die Waage aus dem Fenster werfen wollte

Jeanette, 54, hatte ihr Leben lang ein gutes Verhältnis
zu Essen. Sie war nie eine Diät-Fanatikerin, aber immer
schlank – bis zu jenem Morgen.

„Ich stieg auf die Waage und dachte: Okay, das Ding ist
kaputt. Dann stellte ich mich nochmal drauf – und es
zeigte dasselbe an. Na toll."

Ihre Klamotten saßen enger, ihr Bauch war plötzlich
präsenter – und sie hatte nicht mal ihre Essgewohnhei-
ten geändert!

Was tat sie? Zuerst verzweifeln. Dann recherchieren.
Dann umdenken.

„Ich habe gelernt, dass ich einfach ein paar Stellschrau-
ben ändern muss: Mehr Eiweiß, mehr Bewegung – und
vor allem weniger Stress über das Thema!"

Heute sagt sie: „Ich bin nicht mehr 25 – aber ich bin
stark, gesund und fühle mich wohl. Und das ist das
Einzige, was zählt."

Was kannst du tun?

- **Mehr Eiweiß essen** (hält satt & schützt die Muskeln)

- **Bewegung, die Spaß macht** (Tanzen, Wandern, Krafttraining – was immer dich happy macht)

- **Heißhunger austricksen** (Viel trinken, Nüsse statt Schokolade, gute Fette)

- **Weniger Stress mit dem Thema** (Perfekte Körper sind Photoshop-Illusionen!)

-

Fazit: Dein Körper verändert sich – und das ist okay!

Vergiss die „Bikinifigur".
Das neue Ziel ist ein starker, gesunder Körper, in dem du dich wohlfühlst!

Östrogen—Die Diva verabschiedet sich

Stell dir vor, du hast eine glamouröse Mitbewohnerin, die jahrelang alles geregelt hat:
Sie hat dafür gesorgt, dass deine Haut straff bleibt, deine Laune stabil ist, deine Figur einigermaßen in Schach gehalten wird und dein Gehirn sich anfühlt wie ein zuverlässiger Hochleistungscomputer. Diese Mitbewohnerin heißt: Östrogen.

Und jetzt?
Packt sie ihre Koffer und verlässt das Haus – ohne Vorwarnung, ohne Abschiedsparty.

Das Problem?
Sie war nicht nur eine nette Begleitung, sondern eigentlich die Managerin deines gesamten Körpers. Ihr Auszug hinterlässt ein ziemliches Chaos. Dein Hormonhaushalt gleicht plötzlich einer WG, in der alle Mitbewohner durcheinanderschreien, und du fragst dich: „Was zur Hölle passiert hier gerade?"

Was macht Östrogen eigentlich?

(Und warum fehlt es so sehr?)

Östrogen ist nicht nur für die Periode zuständig – es ist ein Multitasking-Genie. Hier ein kleiner Überblick über seine bisherigen Aufgaben:

- **Haut & Haare:** Sorgt für Feuchtigkeit, Spannkraft und Glanz. (Tschüss, jugendlicher Glow…)

- **Stoffwechsel:** Hält Fettpolster in Schach und sorgt dafür, dass sich Kalorien nicht gleich auf Bauch und Hüften setzen.

- **Gehirn:** Unterstützt Gedächtnis und Konzentration. (Deshalb plötzlich das „Wo hab ich den Schlüssel hingelegt?!")

- **Knochen:** Hilft, Kalzium einzulagern und Osteoporose zu verhindern.

- **Schlaf:** Reguliert den Schlaf-Wach-Rhythmus. (Deshalb wälzt du dich nachts plötzlich stundenlang im Bett.)

- **Laune:** Stabilisiert deine Emotionen. (Heißt: Ohne Östrogen fühlst du dich manchmal wie eine Dramaqueen in einer Seifenoper.)

Kurz gesagt: Östrogen hat nicht einfach gekündigt – es war der CEO deines Körpers, und jetzt ist der Chefposten unbesetzt.

Wie sich das Fehlen bemerkbar macht

Östrogen verabschiedet sich nicht leise. Es geht mit einem Knall – und hinterlässt ein Chaos, das sich in folgenden Symptomen zeigt:

- Hitzewallungen und Schweißausbrüche (Hatten wir ja schon… Feuer frei!)

- Schlafstörungen (Plötzlich wach um 3 Uhr morgens, bereit, eine Steuererklärung zu machen.)

- Stimmungsschwankungen (Lachen, Weinen, Ausrasten – alles in 10 Minuten.)

- Gelenkschmerzen und trockene Haut (Weil dem Körper Feuchtigkeit fehlt.)

- Gedächtnislücken & Konzentrationsprobleme („Was wollte ich gerade sagen? Und wer bist du nochmal?")

- Plötzlicher Fettzuwachs an Stellen, an denen du ihn nie haben wolltest.

Was kannst du tun, um die Diva nicht zu sehr zu vermissen?

1. Phytoöstrogene – Die sanften Doppelgänger

Es gibt pflanzliche Stoffe, die ähnlich wie Östrogen wirken. Sie ersetzen es nicht vollständig, aber können helfen, Symptome abzumildern.

Quellen:

- Sojaprodukte (Tofu, Sojamilch – aber bitte in Maßen!)

- Leinsamen (Morgens ins Müsli streuen – super für Haut und Hormonhaushalt.)

- Hülsenfrüchte & Nüsse (Versorgen den Körper mit gesunden Fetten und Proteinen.)

2. Sport gegen Stimmungstiefs & Gewichtszunahme

Östrogen regulierte den Stoffwechsel – jetzt musst du ihm etwas nachhelfen. Bewegung hilft:

- **Krafttraining:** Stoppt den Muskelabbau und verhindert Gewichtszunahme.

- **Yoga & Pilates:** Halten die Gelenke geschmeidig und helfen gegen Stress.

- **Spazieren gehen oder Tanzen:** Bewegung mit Spaßfaktor hält die Laune oben.

3. Schlafhygiene – Weil Nächte wieder erholsam sein sollen

- Kühle das Schlafzimmer (Erinnerung: Dein Körper produziert selbst genug Hitze).

- Verzichte auf Kaffee und Alkohol am Abend.

- Magnesium kann helfen, besser zu entspannen.

4. Hautpflege aufrüsten

- Mehr Feuchtigkeit! Hyaluronsäure und Vitamin C können der Haut helfen, länger frisch auszusehen.

- Omega-3-Fettsäuren (z. B. in Fisch oder Leinsamen) helfen von innen gegen trockene Haut.

Ulrikes Geschichte: Warum sie ihre Brille im Kühlschrank fand

Ulrike, 53, war sich sicher, dass sie ihre Brille auf den Tisch gelegt hatte.

Sie suchte überall – nur um sie eine Stunde später im Kühlschrank zu finden.

„Mein Kopf war auf Stand-by. Ich konnte mich nicht konzentrieren, habe Wörter vergessen, Namen verwechselt – es war furchtbar!"

Erst als sie erkannte, dass Östrogen auch fürs Gehirn wichtig ist, konnte sie gegensteuern:
„Ich fing an, Omega-3 zu nehmen, machte Gedächtnisübungen – und vor allem hörte ich auf, mich deswegen verrückt zu machen!"

Fazit: Die Diva ist weg – aber du brauchst sie nicht mehr!

Ja, Östrogen hat sich verabschiedet, und es fühlt sich sicher erst mal an, als würde nichts mehr richtig funktionieren. Aber weißt du was? Dein Körper ist verdammt anpassungsfähig. Nach einer Weile gewöhnt er sich an den neuen Hormonstatus – und du lernst, ihn zu unterstützen.

Und mal ehrlich: Brauchen wir wirklich noch eine Diva, die ständig alles kontrolliert? Nein!

Jetzt übernimmst DU das Kommando – und du wirst diese neue Phase meistern!

Gefühle außer Kontrolle—Lachen, Weinen, Ausrasten in 10 Minuten

Weißt du noch, als du emotional stabil warst? Ja, ich auch nicht.

Willkommen auf der Achterbahn der Hormone, wo du innerhalb von Minuten von himmelhochjauchzend zu „Ich bring alle um!" wechseln kannst. Kennst du das?

Du bist bester Laune, fühlst dich großartig – und plötzlich, aus dem Nichts, überrollt dich eine Welle der Melancholie, du hast Tränen in den Augen und könntest schwören, dass dein Leben nie schwerer war. Fünf Minuten später bist du dann wütend auf deinen Partner, weil er zu laut atmet. Willkommen auf der emotionalen Achterbahn der Wechseljahre – bitte anschnallen, es wird holprig.

Warum sind die Emotionen plötzlich so unberechenbar?

Schuld ist – Überraschung! – wieder einmal das Östrogen. Oder besser gesagt: sein Verschwinden. Denn Östrogen hat nicht nur deinen Zyklus gesteuert, sondern auch eine große Rolle in deinem Gehirn gespielt. Wenn es sich verabschiedet, passieren folgende Dinge: Dopamin und Serotonin, die sogenannten Glückshormone, geraten ins Wanken. Ergebnis: Du fühlst dich emotional instabil. Der Stresspegel steigt schneller, weil dein Körper weniger gut mit Adrenalin und Cortisol umgehen kann. Das bedeutet, du rastest wegen Dingen aus, die dich früher kaltgelassen hätten. Reizbarkeit und Ungeduld nehmen zu. Falls du also plötzlich Menschen in Supermarktschlangen nicht mehr ertragen kannst – es liegt nicht an dir, es liegt an den Hormonen. Kurz gesagt: Dein Gehirn bekommt gerade eine neue Software installiert – aber das Update ist noch nicht abgeschlossen.

Wie sich das im Alltag zeigt?

Hier ein paar typische Wechseljahr-Emotionen – erkennst du dich wieder? Du weinst bei Werbungen, Tierdokus oder weil die Bäckerei keine Laugenbrezeln mehr hat. Dein Partner sagt das Falsche – oder einfach gar nichts – und BOOM, du gehst in die Luft. Zu viele Geräusche, zu viel Chaos, zu viele Menschen – zack, du willst einfach alle rausschmeißen. Manchmal kommt auch das Gegenteil – du bist übertrieben happy und tanzt plötzlich durch die Küche. Kurz gesagt: Du durchlebst an einem Tag mehr Emotionen als früher in einem ganzen Jahr.

Wie überlebt man das, ohne jemanden umzubringen?

Sag deinem Umfeld Bescheid.
Ehrlich: Es ist nicht deine Schuld – aber auch nicht ihre. Mach deinem Partner, deinen Freunden oder Kollegen klar, dass du gerade hormonell bedingt auf Achterbahnfahrt bist. Sie werden es dir danken.
Atmen hilft – wirklich! Klingt simpel, aber tiefe Atemübungen helfen, Stresshormone zu senken. Wenn du merkst, dass die Wut hochkocht oder die Tränen kommen: Tief einatmen, kurz halten, langsam ausatmen.

Bewegung als Stimmungsbooster.

Sport setzt Endorphine frei – das hilft gegen Stimmungsschwankungen. Ob Spazierengehen, Yoga oder Tanzen – Hauptsache, du bewegst dich. Magnesium und B-Vitamine sind natürliche Helfer. Magnesium beruhigt die Nerven. B-Vitamine unterstützen das Gehirn. Omega-3-Fettsäuren helfen gegen Stimmungsschwankungen. Finde dein Notfall-Mantra. Wenn du merkst, dass du gleich die Nerven verlierst, sag dir: „Es sind nur Hormone, keine echte Apokalypse." Manchmal reicht das, um die Situation zu entschärfen.

Tina, 55, war immer ein ruhiger, gelassener Mensch – bis die Wechseljahre kamen.

„Mein Mann hat mich gefragt, ob ich schon Kaffee gekocht habe – und ich habe den Toaster nach ihm geworfen." Nicht mit Absicht, natürlich. Aber in diesem Moment kochte alles in ihr hoch: die Nächte voller Hitzewallungen, die ewige Müdigkeit, das Gefühl, dass niemand versteht, was mit ihr los ist. „Ich habe dann erstmal Yoga probiert – nach fünf Minuten war mir langweilig. Dann habe ich angefangen, täglich zu spazieren – und siehe da: Plötzlich wurde ich ruhiger. Mein Mann lebt heute wieder toastersicher!"

Warum passiert das?

Serotonin und Dopamin sinken – das macht Stimmungsschwankungen. Das Stresshormon Cortisol steigt – das macht dich reizbarer. Und dein Gehirn braucht einfach Zeit, sich an die neue Hormonlage zu gewöhnen. Was hilft? Bewegung (ja, schon wieder – aber es hilft wirklich!), Magnesium und B-Vitamine (gute Laune von innen), sich selbst nicht so ernst nehmen (Lachen hilft – wirklich!).

Fazit: Du bist nicht verrückt – nur hormonell herausgefordert! Ja, die Hormone haben dich gerade im Griff. Aber du bist nicht machtlos! Es gibt Wege, die Stimmungsschwankungen zu mildern und dich selbst besser zu verstehen. Und das Wichtigste: Du bist nicht allein! Also, wenn du das nächste Mal heulst, weil du das letzte Stück Schokolade gegessen hast – nimm's mit Humor! Dein Körper macht gerade eine Menge durch, aber du wirst stärker und cooler als je zuvor aus dieser Phase hervorgehen.

Die Wechseljahre sind wie ein temperamentvolles Haustier: Manchmal lieb, manchmal beißt es – aber mit der richtigen Pflege wird es handzahm.

Wut im Bauch - Wie du deine innere Kriegerin zähmst

Wenn die Zahnpastatube zur Waffe wird

Von der emotionalen Gelassenheit zur inneren Kriegerin

Früher warst du die Ruhe in Person.
Du hast geduldig zugehört, Verständnis gezeigt – ein Fels in der Brandung.

Und jetzt?
Jetzt bringt dich der Anblick einer offenstehenden Zahnpastatube auf 180.
Wenn jemand „Ganz ruhig!" sagt, möchtest du ihn am liebsten mit einem einzigen Blick vaporisieren.

Herzlichen Glückwunsch: Deine innere Kriegerin ist erwacht.

Warum sind wir plötzlich so wütend?

Wieder einmal liegt die Antwort bei unseren alten Bekannten: den Hormonen.
Früher wirkten Östrogen und Progesteron wie emotionale Beruhigungsmittel. Sie sorgten dafür, dass du Konflikte gelassener angehen konntest. Doch jetzt, wo sie weniger werden, passiert Folgendes:

- **Cortisol** – dein Stresshormon – geht schneller auf 100.
  Dinge, die dich früher vielleicht gestört, aber

nicht ausrasten ließen, fühlen sich heute an wie persönliche Angriffe.

- **Serotonin** – das „Happy-Hormon" – wird weniger produziert.
  Weniger Serotonin = mehr Frust.

- **Reize** werden intensiver wahrgenommen.
  Geräusche, Unordnung, dumme Kommentare – alles wirkt lauter, schlimmer, unerträglicher.

Kurz gesagt:
Du bist nicht „hysterisch".
Du befindest dich in einer hormonell gesteuerten Null-Toleranz-Phase.

Wie sich das im Alltag zeigt

- **Der „Warum macht das keiner außer mir?!"-Ausbruch**
  Der Geschirrspüler ist voll, aber keiner hat ihn ausgeräumt? Natürlich. Du machst hier ja alles alleine!

- **Plötzlicher Zorn über Kleinigkeiten**
  Dein Partner atmet zu laut.
  Die Kassiererin scannt zu langsam.
  Der Handy-Akku ist leer – und dein Nervenkostüm? Nicht existent.

- **Die Rückkehr der Kriegerin**
  Nach Jahrzehnten im „Sei nett"-Modus hast du plötzlich keine Lust mehr auf Bullshit.
  Das ist Fluch – und Segen zugleich.

Die Geschichte von der Kriegerin, die die Kontrolle verliert

Lass mich dir von einem Moment erzählen, als deine innere Kriegerin richtig die Oberhand gewann.

Ein ganz gewöhnlicher Abend.
Du hast nach einem langen Tag das Abendessen gemacht. Der Tisch ist gedeckt.
Dein Mann kommt nach Hause, du hast eine Liste voller unerledigter Kleinigkeiten im Kopf.
Du fragst ihn:
„Hast du noch etwas erledigt, von dem was du mir vorhin versprochen hast?"
Er antwortet:
„Nein, das habe ich vergessen."

In diesem Moment spürst du, wie sich etwas in dir zusammenzieht.
Du versuchst, ruhig zu bleiben – aber deine Wut wächst.
Dein Herz schlägt schneller, deine Gedanken rasen.

Warum passiert das immer wieder?
Warum hält er nicht, was er verspricht?
Du erinnerst dich an all die Male, in denen es genauso war.

Als er dann auch noch sagt, er könne sich nicht erinnern, was du ihm vor einer Stunde gesagt hast –
reißt der Faden endgültig.

Deine Stimme ist plötzlich schärfer, als du es je geplant
hättest:
„Warum machst du nicht einfach das, was du ver-
sprichst?!"

In deinem Kopf dröhnen die Gedanken:
„Warum versteht er nicht, dass ich endlich mal Verantwortung brauche – nicht noch eine Ausrede?"

Deine Wut kommt hoch. Gewaltig.
Ein kleiner Fehler – und es fühlt sich an, als würde das
ganze Universum gegen dich arbeiten.
Ein Sturm aus Gedanken, aufgestaut, bereit zu explodieren.

In diesem Moment bist du die Kriegerin, die genug hat.
Aber was du wirklich willst, ist gesehen zu werden.
Gehört zu werden. Dass jemand endlich Verantwortung
übernimmt.

Und genau darin liegt die Kraft deiner Wut.

Was tun? (Außer Leute anschreien)

1. Nutze die Wut als Kraftquelle!

Wut ist pure Energie – wenn du sie lenkst.

- **Bewegung**:
  Sport, Spazierengehen, ein Boxsack – Hauptsache, der Druck darf raus.

- **Aufschreiben**:
  Ein Wut-Tagebuch kann helfen, die Gedanken
  zu sortieren und Luft abzulassen.

- **Klarheit nutzen**:
  Wut zeigt dir oft, wo deine Grenzen liegen.
  Vielleicht ist es an der Zeit, ein klares Nein aus-
  zusprechen.

2. Atemtechnik gegen den Orkan

4 Sekunden einatmen – 6 Sekunden ausatmen.
Das aktiviert dein parasympathisches Nervensystem –
und beruhigt.

3. Zähle – bis 10. Oder 100.

Klingt klischeehaft. Funktioniert trotzdem.

4. Gönn dir eine Pause

Geh kurz raus aus der Situation. Frag dich:
„Ist das jetzt wirklich schlimm – oder gerade einfach
nur... Hormone?"

5. Sprich es aus

Nein, du bist nicht „empfindlich" oder „verrückt".
Du gehst durch eine hormonelle Transformation. Sag
deinem Umfeld, was los ist.
Du wirst überrascht sein, wie viel Verständnis du be-
kommst – wenn du Klartext redest.

6. Lachen hilft

Wenn du dich mal wieder über eine offenstehende
Schranktür aufregst:
Atme tief durch – und lach darüber.
Ja, wirklich.

Fazit: Deine Wut ist nicht dein Feind – sie ist deine neue Superkraft!

Die Wechseljahre machen uns schneller reizbar. Aber weißt du was?
Das kann auch befreiend sein.

Vielleicht ist jetzt genau die richtige Zeit, um deine eigenen Bedürfnisse endlich auszusprechen –
klar, deutlich und ohne schlechtes Gewissen.

Du bist nicht „zickig".
Du bist eine Frau, die ihre Grenzen neu setzt.

Und das ist nicht nur okay – das ist verdammt stark.

Die Suche nach der inneren Zen- Göttin Vom Duracell-Hasen zur Gelassenheits- Queen

Die Zen-Göttin in den Wechseljahren: Wie du Gelassenheit wiederfindest, auch wenn du dich wie ein Duracell-Hase auf Koffein fühlst

Du kennst das Gefühl: Der Tag beginnt, und auf deiner To-do-Liste warten tausend Dinge. Aber statt entspannt und fokussiert loszulegen, fühlst du dich wie ein Duracell-Hase auf Koffein – gleichzeitig müde, gestresst und innerlich unruhig. Deine Gedanken rasen, dein Geduldsfaden ist so dünn wie Zahnseide, und du fragst dich: **Wo ist meine innere Ruhe hin? Und hatte ich die überhaupt jemals?**

Willkommen in den Wechseljahren – der Phase, in der dein Körper dir nicht nur hormonelle Überraschungen beschert, sondern dich auch auf eine unerwartete spirituelle Reise schickt:
Die Suche nach der inneren Zen-Göttin.

Warum sind wir plötzlich so unruhig?

Früher konntest du stressige Situationen besser abfedern – aber heute reicht ein unaufgeräumtes Wohnzimmer, um dich innerlich ausrasten zu lassen. Warum?

Weil dein Gehirn durch die hormonellen Umstellungen eine ganz neue Bedienungsanleitung braucht.

Was passiert konkret?

Weniger Östrogen bedeutet weniger Serotonin – und damit mehr Stressanfälligkeit.
Dein Nervensystem wird hypersensibel. Geräusche, Chaos, zu viele Menschen?

Reizüberflutung ist jetzt dein zweiter Vorname.

Und dann ist da noch das Cortisol – das Stresshormon. Es bleibt länger im Körper als früher.
Ergebnis: Du kommst schlechter runter, wirst schneller genervt und fühlst dich öfter wie ein Vulkan mit eingebautem Timer.
Kurz gesagt: Dein innerer Ruhepol ist in die Ferien gefahren – und hat dir nicht gesagt, wann er zurückkommt.

Wie findest du deine Gelassenheit wieder?

Keine Sorge, du musst nicht ins Kloster gehen oder den Himalaya erklimmen. Es geht nicht um Selbstoptimierung – sondern um Selbstfürsorge. Hier sind ein paar alltagstaugliche Methoden:

1. Atme wie eine Zen-Meisterin

Klingt simpel – ist aber wissenschaftlich bewiesen:
Bewusstes Atmen beruhigt das Nervensystem.

❋ Methode: Die 4-7-8-Atmung

- 4 Sekunden langsam einatmen

- 7 Sekunden den Atem halten

- 8 Sekunden langsam ausatmen

Das hilft bei Stress, Wut oder Einschlafproblemen. Probier's mal aus – vielleicht das nächste Mal, wenn dein Partner zum x-ten Mal das Geschirr stehen lässt.

2. "Nein" ist ein vollständiger Satz

Jetzt ist die Zeit, Grenzen neu zu setzen. Wenn du keine Lust hast, für zehn Leute Kuchen zu backen oder ständig für andere verfügbar zu sein – sag Nein.
Ohne schlechtes Gewissen. Ohne Erklärungen.

Stell dir vor: Du bist keine Superheldin – du bist ein Mensch. Und das ist völlig in Ordnung.

Übe das mal – vor dem Spiegel oder am Telefon. Bevor du wieder „Ja" sagst und es dir im selben Moment schon wieder leid tut.

3. Schaffe dein eigenes Zen-Ritual

Gelassenheit kommt nicht von selbst – du musst ihr Raum geben. Finde etwas, das dir täglich hilft, runterzukommen:

Eine bewusste Kaffeepause – ohne Handy
Ein gutes Buch statt endlosem Scrollen
Ein Spaziergang – am besten in der Natur
Meditation oder einfach 5 Minuten in Stille

Aber Achtung: Wenn du während deiner Yoga-Pause
das Gefühl hast, dass die ganze Welt gegen dich arbeitet – atme durch. Manchmal braucht selbst die Zen-Göttin eine Pause vom Versuch, gelassen zu sein.

4. Digitaler Detox – wenigstens ein bisschen!

Ständige Erreichbarkeit und Social Media pushen deinen
Stresslevel.
Lege dein Handy abends weg, schalte Benachrichtigun-
gen aus oder mach mal einen Social-Media-freien Tag.

Du wirst sehen: Die Welt geht nicht unter.
Außer vielleicht du hast 80 ungelesene Nachrichten –
aber das ist eine andere Geschichte.

5. Bewegung für den Kopf – nicht nur für den Körper

Yoga, Stretching oder ein Spaziergang helfen dem Nervensystem beim Runterfahren.

Und nein – du musst nicht zur Yoga-Göttin werden. Ein
paar Minuten Dehnen am Morgen reichen schon. Dein
Körper wird es dir danken.
Und wenn du dabei feststellst, dass deine Katze dich mit
ihrer perfekten Schlafhaltung an die ultimative Yoga-Po-
se erinnert – dann nimm es mit Humor. Vielleicht ist sie
dein spirituelles Vorbild.

Geschichte: Wie Heidi ihre Zen-Göttin fand

(und es für uns alle ein bisschen einfacher machte)

Heidi war immer ein Energiebündel. Eine von diesen Frauen, die wie ein Duracell-Hase durch den Alltag sprinten – mit To-do-Liste, Job, Familie und dem ständigen Gefühl, nie genug zu schaffen.

Ihre Freundinnen nannten sie liebevoll „Turbo-Heidi". Doch eines Tages, nach einer besonders chaotischen Woche, kam der Wendepunkt.
Und nein – es war nicht die Hängematte im Garten.
Es war die Küche. Genauer gesagt: ein Berg nicht gespülten Geschirrs.

Heidi starrte auf die Teller und dachte: „Nicht. Schon. Wieder."

Aber statt laut zu seufzen oder die Küche anzuschreien, atmete sie tief ein – und fragte sich:

„Was brauche ich jetzt wirklich?"

Die Antwort: Gelassenheit. Fokus. Und Tee.

Sie setzte sich in den Garten, trank langsam, atmete – und hörte auf, sich selbst anzutreiben.
In diesem Moment fand sie etwas wieder, das lange verloren schien: Ruhe.

In den folgenden Tagen baute sie kleine Zen-Rituale in ihren Alltag ein.
Morgens ein paar Minuten Dehnung. Kaffee ohne

Handy. Abends Social Media aus.
Und siehe da: Die Welt ging nicht unter.
Das Geschirr war immer noch da. Aber Heidi war eine
andere.

Nicht mehr die flitzende Turbine – sondern eine ruhige
Frau, die wusste:
**Ich darf atmen. Ich darf bei mir sein. Ich darf
einfach mal still sein.**

Fazit: Die Zen-Göttin ist in dir – du musst sie nur wie-
derfinden!

Ja, dein Körper macht gerade eine wilde Veränderung
durch.
Ja, deine Nerven sind manchmal dünn wie Seide.
Aber du bist nicht ausgeliefert – du entscheidest, wie du
deinen Alltag gestaltest.

Du bist nicht nur eine hormonell herausgeforderte Frau
–
du bist eine Königin, die mit Atem, Achtsamkeit und
ein bisschen Humor ihr Reich neu erschafft.

Atme tief durch, gönn dir Pausen und feiere jeden kleinen Zen-Moment.
Die Zen-Göttin ist nicht weit – sie wartet längst auf dich.

Der Jakobsweg der Seele –Warum diese Lebensphase eine Chance ist

Die Wechseljahre sind für viele von uns ein Mysterium.

Sie kommen ohne Vorwarnung – und werfen alles aus der Bahn. Dein Körper spielt verrückt, deine Emotionen schlagen Kapriolen, und du hast das Gefühl, deinen eigenen Körper nicht mehr zu verstehen. Der Spiegel zeigt eine Frau, die du nicht mehr ganz erkennst, und du fragst dich:

„Wie soll ich all das bewältigen?"

Aber halt – es gibt da noch eine andere Perspektive, die du vielleicht noch nicht in Betracht gezogen hast. Diese Phase könnte nämlich der Jakobsweg deiner Seele sein – ein Übergang, der dich von einer alten Version deiner selbst zu einer stärkeren, klareren, weiseren Version führt. Ein wilder, aber auch wunderschöner Weg, der viel zu bieten hat.

Die Wechseljahre als Jakobsweg – von Chaos zu Klarheit

Manchmal fühlt sich das Leben in den Wechseljahren an, als würde alles aus den Fugen geraten. Dein Körper ist nicht mehr der, der er einmal war, und du fragst dich, wie du überhaupt zurechtkommen sollst. Aber was, wenn ich dir sage, dass du gerade dabei bist, auf eine Reise zu gehen, die dich nicht nur körperlich, sondern auch geistig und emotional erneuern wird?

Es gibt da diese wunderbare Metapher des „Jakobswegs" – ein langer, schwieriger Pilgerweg, der die Menschen zwar bis an ihre Grenzen bringt, aber sie am Ende mit einer neuen Sichtweise auf sich selbst belohnt. Die Wechseljahre sind wie dieser Jakobsweg: anstrengend, oft unangenehm – aber am Ende gibt es einen Moment der Erkenntnis, in dem du zurückblickst und merkst, wie weit du gekommen bist und wie stark du geworden bist.

Warum diese Phase auch eine Chance ist

In vielen Kulturen wird die Zeit nach den Wechseljahren als eine Zeit des Wachstums und der Weisheit gefeiert. Frauen sind nicht länger durch ihre Fruchtbarkeit definiert – sie sind stärker, selbstbewusster, unabhängiger und freier. Denn du musst jetzt nicht mehr von Hormonschwankungen gesteuert werden, du bist nicht mehr in der Zwangslage, dich um Verhütung zu kümmern (wer freut sich nicht darüber, keine Pille mehr schlucken zu müssen?) und – was vielleicht am wichtigsten ist – du beginnst endlich zu fragen:

„Was will ich eigentlich?"

Denn seien wir ehrlich – die letzten Jahrzehnte haben viele von uns unser Leben für andere gelebt: für unsere Kinder, für unseren Partner, für unseren Job, für die Gesellschaft. Aber jetzt ist **deine** Zeit gekommen.

Die Geschichte von Manuela: Der Mut zur Veränderung

Manuela ist 55 Jahre alt, als sie eine Entscheidung trifft, die ihr Leben komplett verändert. Dreißig Jahre lang lebte sie in einer Beziehung, die sie immer mehr erdrückte. Ihr Mann war oft gewalttätig – sowohl emotional als auch körperlich. Jahre des Schweigens, des Aushaltens und des Sich-Verstellens lagen hinter ihr. Sie fühlte sich leer, ausgebrannt und fast schon wie eine Fremde in ihrem eigenen Leben.

Doch eines Morgens, als sie sich wieder im Spiegel sah und die Tränen kaum zurückhalten konnte, wusste sie: **Es ist genug.**

Manuela war es leid, für die Familie, den Haushalt und alle Erwartungen anderer zu leben. Sie wollte nicht mehr „funktionieren" – sie wollte **leben**. Sie packte ihre Sachen, verließ ihren Mann und setzte alles auf eine Karte. Sie kaufte sich ein Wohnmobil – ein kleiner, freier Raum, der ihr ein Gefühl von Unabhängigkeit und neuen Möglichkeiten gab.

Die ersten Monate in ihrem neuen Zuhause waren nicht einfach. Sie hatte Angst, sie hatte Zweifel. Aber was sie auch hatte, war der unerschütterliche Wunsch, sich **selbst wiederzufinden**.

Sie begann zu fotografieren – etwas, das sie schon immer geliebt hatte, aber wofür sie nie Zeit gefunden hatte. Die Straßen wurden ihre Leinwand, die Welt ihr Modell. Jeden Tag entdeckte sie neue Orte, neue Per-

spektiven, neue Menschen. Sie fühlte sich lebendig wie
nie zuvor.

Manuela beschloss, ihre Leidenschaft zum Beruf zu machen und als digitale Nomadin zu arbeiten. Als Fotogra-
fin konnte sie jetzt die Welt bereisen, ihre Zeit selbst
einteilen – und vor allem: **sie konnte ihre Geschichte
erzählen**.
Eine Geschichte von Mut, von Veränderung – und von
der kraftvollen Entschlossenheit, sich selbst zu finden,
auch wenn der Weg hart war.

Was ihr früher wie eine Kette erschien, die sie festhielt,
fühlte sich nun wie ein Wind in ihren Segeln an. Sie
reiste von einem Ort zum nächsten, tauchte in fremde
Kulturen ein, lernte die Welt durch ihre Kamera kennen
– und fand dabei immer mehr zu sich selbst.

Ihre Wechseljahre waren der Wendepunkt, der sie zu
der Frau gemacht hat, die sie immer sein wollte. Sie
wurde nicht nur körperlich unabhängiger – sondern
auch emotional und geistig.

**Warum gerade jetzt die beste Zeit für einen Neu-
anfang ist**

Manuela ist ein lebendes Beispiel dafür, dass die Wechseljahre **nicht** das Ende eines Kapitels sind – sondern
der Anfang eines neuen. Die Veränderungen, die du in
dieser Zeit durchlebst, sind nicht nur körperlicher Natur.
Sie sind auch emotional und geistig – eine Art **„Reset-
Knopf"** für dein Leben.

Vielleicht spürst du auch das Bedürfnis nach Veränderung. Vielleicht ist da diese leise Stimme, die dir sagt:

„Es ist Zeit für etwas Neues."

Und du hast recht.

Der Jakobsweg, der vor dir liegt, ist kein Berg, den du erklimmen musst – er ist eine Reise zu deinem wahren Selbst. Zu den Träumen, die du noch nicht verwirklicht hast.

Hier sind ein paar Ideen, wie du deinen eigenen „Jakobsweg der Seele" gehen kannst:

Räume auf – innerlich und äußerlich

Manuela begann ihre Reise, indem sie alles Alte hinter sich ließ. Sie sortierte aus – materielle Dinge, die sie nicht mehr brauchte, und Menschen, die sie nicht mehr unterstützen konnten. Der erste Schritt war: Platz schaffen. Für sich selbst, für neue Erfahrungen – und für das, was noch kommen sollte.

Und du? Was kannst du ausmisten? Was belastet dich? Vielleicht sind es alte Gewohnheiten, toxische Beziehungen oder Glaubenssätze, die dich kleinhalten. **Schaffe Platz für Neues.**

Entdecke dich neu

Manuela entdeckte ihre Leidenschaft für die Fotografie neu – und sie stellte fest, dass sie noch viele andere Träume und Wünsche hatte, die sie längst vergessen

hatte. Stell dir vor, du würdest dich jetzt, zu Beginn dieses neuen Kapitels, **neu kennenlernen.**
Was begeistert dich?
Was hast du früher geliebt – und dann aus den Augen verloren?

Schreibe deine „Bucket List 2.0"
Es gibt keinen besseren Zeitpunkt, um deine Wünsche und Träume aufzuschreiben.
Wo willst du hinreisen?
Was möchtest du noch lernen?
Welche Abenteuer warten auf dich?
Sei mutig – und träume groß.
Die Welt steht dir offen.

Fazit: Die besten Jahre kommen erst noch!

Die Wechseljahre sind **keine Sackgasse** – sondern ein Tor zu einem neuen Leben. Du hast jetzt die Freiheit, dein Leben selbst zu gestalten, **ohne Kompromisse und ohne Einschränkungen.**

Die besten Jahre?
Sie kommen noch – und du hast sie in der Hand.

Also: Mach dich auf deinen eigenen Jakobsweg.
Es wird nicht immer einfach –
aber es wird sich lohnen.
Und am Ende wirst du zurückblicken und feststellen, dass du nicht nur den Weg gegangen bist, **sondern ihn selbst bestimmt hast.**

Cabrio oder Yoga-Retreat? – Die Menopause als Wendepunkt

Die Wechseljahre sind eine Phase des Wandels – körperlich, emotional und oft auch im Denken.
Plötzlich fängst du an, dein Leben aus einer neuen Perspektive zu sehen. Dinge, die dir früher wichtig waren, erscheinen auf einmal bedeutungslos, und gleichzeitig spürst du eine wachsende Sehnsucht nach etwas … Neuem.

Aber was genau ist dieses Neue? Solltest du jetzt radikal etwas verändern? Dich komplett neu erfinden? Oder einfach nur entspannen und abwarten?

Willkommen in einer der spannendsten Phasen deines Lebens – der Moment, in dem du entscheidest, wie du die kommenden Jahre gestalten willst!

Warum verändert die Menopause unsere Sicht auf das Leben?

Es liegt nicht nur an den Hormonen – sondern auch an dem Punkt, an dem du in deinem Leben stehst. Die Menopause ist ein natürlicher Cut, ein Übergang in eine neue Phase, in der du dich oft zum ersten Mal fragst:

- Was will ich eigentlich?
- Wie möchte ich meine Zeit verbringen?

- Welche Dinge tun mir wirklich gut – und welche nicht mehr?

Und genau diese Fragen sind wertvoll! Denn sie bedeuten nicht, dass du „durchdrehst", sondern dass du bewusster lebst.

Typische Gedanken in der Menopause

(und warum sie gut sind!)

„Soll ich mir ein Cabrio kaufen?"
Nein, du musst nicht gleich einen Sportwagen anschaffen. Aber die Frage dahinter ist interessant: Sehnst du dich nach Freiheit? Nach neuen Erlebnissen? Nach mehr Spaß? Dann finde heraus, wie du dieses Bedürfnis in deinen Alltag einbauen kannst – und das geht auch ohne Auto.

„Vielleicht sollte ich ins Yoga-Retreat fahren ..."
Wenn du spürst, dass du innere Ruhe brauchst – warum nicht? Aber vielleicht reicht auch schon ein täglicher Spaziergang in der Natur oder einfach mal Zeit nur für dich.

„Will ich das eigentlich noch?"
Job, Freundschaften, Verpflichtungen – viele Frauen merken in der Menopause, dass sie Dinge tun, die sie gar nicht mehr wirklich wollen. Und das ist der perfekte Moment, um neu zu sortieren.

„Sollte ich alles hinschmeißen und ans Meer ziehen?"

Okay, vielleicht nicht gleich auswandern – aber wenn du dich nach Veränderung sehnst, dann frag dich: Was fehlt dir gerade? Mehr Ruhe? Mehr Abenteuer? Mehr Zeit für dich?

Und dann finde Wege, diese Wünsche zu erfüllen.

Die Geschichte von Babsi – Der Weg zu sich selbst

Babsi, 49 Jahre alt, eine erfolgreiche Journalistin, stand an einem Wendepunkt. Sie hatte jahrelang ihren Traumjob als Redakteurin in einer renommierten Zeitung geführt. Doch irgendwann fühlte sie sich leer. Die ständigen Deadlines, der Druck, immer neue Geschichten zu finden, und die tägliche Hetze durch die Stadt hatten sie erschöpft. Sie fragte sich, ob dies wirklich das Leben war, das sie sich gewünscht hatte.

Als die Menopause eintrat, begann sie, alles zu hinterfragen. Es war nicht nur die körperliche Veränderung, die sie spürte – es war die plötzliche Klarheit, dass sie etwas in ihrem Leben verändern musste. Die unzähligen Reisen, die sie in jungen Jahren gemacht hatte, die Beziehungen, die sie geführt hatte, und die Erfolge in ihrer Karriere – all das fühlte sich plötzlich bedeutungslos an.
Babsi fragte sich: „Habe ich wirklich das Leben gelebt, das ichwollte?"

Eines Abends saß sie in ihrem Büro, als ihr eine Idee kam. Sie packte ihre Sachen, kündigte ihren Job und entschloss sich, eine Auszeit zu nehmen. Sie wollte mehr über sich selbst erfahren – fernab vom hektischen Leben der Stadt. Ihre Reise führte sie nach Bali, wo sie in einem kleinen, abgelegenen Retreat-Resort landete.

Es war der Anfang einer neuen Ära für Babsi. Sie fand nicht nur innere Ruhe, sondern entdeckte auch eine tiefe Leidenschaft für Meditation und Yoga. Ihr Alltag bestand nun nicht mehr aus nervenaufreibenden Interviews und stressigen Redaktionssitzungen, sondern aus Momenten der Stille und Achtsamkeit.

Nach einigen Monaten in Bali kehrte Babsi mit einem völlig neuen Blick auf das Leben zurück. Sie entschloss sich, ihre journalistische Karriere neu auszurichten – nicht mehr als Redakteurin, sondern als Autorin für tiefgründige Geschichten, die nicht nur den schnellen Konsum, sondern echte Bedeutungen transportierten.

Heute lebt Babsi in einem ruhigen Ort, wo sie ihre Zeit mit Schreiben, Reisen und innerer Arbeit verbringt. Sie hat sich von der hektischen Welt des Journalismus verabschiedet und konzentriert sich nun darauf, Geschichten zu erzählen, die anderen helfen, ihre eigene Reise zu verstehen.

Babsi hat gelernt, dass es nie zu spät ist, den Kurs zu ändern – dass die Menopause nicht das Ende eines Kapitels ist, sondern der Beginn eines viel aufregenderen.

Sie hat ihren Frieden gefunden und lebt nun das Leben, das sie sich immer gewünscht hat.

Wie kannst du diesen Wendepunkt für dich nutzen?

Erkenne an, dass diese Veränderung normal ist
Du wirst nicht „verrückt", nur weil du plötzlich Dinge hinterfragst.
Du wächst.
Die Menopause ist nicht nur ein Abschied, sondern ein Neustart.

Finde heraus, was du wirklich willst
Setz dich hin und schreib auf:
Was tut mir gut? Was belastet mich?
Triff bewusste Entscheidungen, was du beibehalten und was du ändern willst.

Mach kleine Schritte in Richtung Veränderung
Du musst nicht sofort dein Leben umkrempeln – kleine Veränderungen können große Wirkung haben!
Testlauf statt Radikalumbau: Wenn du denkst, du willst etwas Neues ausprobieren, fang klein an und schau, wie es sich anfühlt.

Erlaube dir, Neues auszuprobieren
Eine neue Sportart, ein neues Hobby, eine Reise, ein neuer Kleidungsstil – warum nicht?
Das Leben bleibt spannend, wenn du es dir erlaubst!

Fazit: Die Menopause ist keine Krise – sie ist ein Neu-
anfang!

Ja, dein Körper verändert sich.
Ja, manche Dinge sind anstrengend.
Aber jetzt hast du die Chance, dein Leben so zu gestal-
ten, wie du es willst.

Ob du dir ein Cabrio kaufst, ein Yoga-Retreat buchst
oder einfach nur bewusster durchs Leben gehst – dieser
Abschnitt gehört dir.

**Also: Feier dich selbst, genieße die Reise und
mach das Beste aus diesem neuen Kapitel!**

Mutter, Oma, Ich? –Die neue Rolle in Familie&Gesellschaft

Wenn die Rollen sich wandeln – Vom Muttersein zum Ich-Sein

Früher schien alles einfacher. Du warst Tochter, Partnerin, Mutter – oder diejenige, die einfach für alles zuständig war. Dein Alltag war klar strukturiert, deine Rolle definiert. Jeder wusste, was er von dir erwarten konnte. Und du auch.

Doch plötzlich ist alles anders.
Die Kinder – falls du welche hast – sind aus dem Haus oder brauchen dich nicht mehr wie früher. Deine Eltern werden älter, manchmal bist nun du diejenige, die Unterstützung braucht. Und neben all dem verändert sich auch dein gesellschaftliches Bild: Du wirst nicht mehr als „die Junge" gesehen, sondern als „die Erfahrene".

Was bedeutet das?
Heißt das, du wirst jetzt automatisch zur grauen Eminenz, die Socken strickt und ungefragt Ratschläge verteilt?

Ganz sicher nicht.

Willkommen in einer Phase, in der du selbst entscheidest, welche Rolle du spielst – und zwar nach deinen Regeln.

Wenn die Mutterrolle sich verändert

Du warst über Jahre hinweg die Managerin des Familienalltags, Kummerkasten, Problemlöserin – und plötzlich ist da… Stille.

Kein „Mama, wo sind meine Socken?" Kein „Was gibt's zu essen?"

So sehr du dich früher über das Chaos geärgert hast – ein bisschen fehlt es dir nun auch.

Vielleicht denkst du:

„Braucht mich eigentlich noch jemand?"

Die Antwort ist: Ja – aber auf eine andere Weise als früher.

Deine Kinder haben ihre eigenen Leben, Familien, Probleme. Du wirst gebraucht, aber nicht mehr als Dreh- und Angelpunkt des Alltags. Jetzt ist die Zeit, loszulassen – und dich selbst wieder zu entdecken.

„Warum ruft mein Sohn/meine Tochter nur an, wenn etwas kaputt ist?"

Weil du immer noch die Verlässliche bist. Die, die weiß, wie man den Karren aus dem Dreck zieht – oft wortwörtlich. Aber: Du darfst auch mal „Nein" sagen. Du bist nicht mehr die Einzige mit Lösungen.

„Ich vermisse das Chaos – aber genieße auch die Ruhe."

Das nennt man Freiheit. Und sie kann wunderbar sein. Die Freiheit, endlich das zu tun, was früher keinen Platz hatte. Die Freiheit, die Füße hochzulegen. Die Freiheit, einfach zu sein – ohne gefragt zu werden.

Plötzlich Oma? Ja – aber bitte nach deinen Spielregeln

Wenn du Oma wirst, ist das oft eine Mischung aus Freude und Irritation.
Plötzlich gibt es da eine neue Generation. Ein kleines Wesen, das du lieben darfst. Und gleichzeitig spürst du: Da kommt eine neue Verantwortung auf dich zu.

Aber Hand aufs Herz: Wer sagt eigentlich, dass Omas nur Kuchen backen und auf Enkel aufpassen sollen?

Die moderne Oma weiß, was sie will – für sich selbst **und** für ihre Familie. Sie ist nicht mehr die, die rund um die Uhr verfügbar ist. Sie weiß um den Wert ihrer Zeit – und sie weiß, wie man Grenzen setzt.

Die neue Oma-Version:

☑ Hat WhatsApp – aber liest nicht jede Nachricht in fünf Sekunden.
☑ Spielt mit den Enkeln – aber nicht den ganzen Tag.
☑ Liebt ihre neue Rolle – aber verliert sich nicht darin.

Wenn du keine Lust hast, als 24/7-Babysitterin missbraucht zu werden, sag es. Deine Zeit ist wertvoll. Deine Freiheit auch. Du darfst deine Enkelkinder lieben und verwöhnen – **ohne dich selbst aufzugeben.**

Frauenbild über 50 – Zeit für ein Update!

Sobald du nicht mehr als „jung" durchgehst, versucht die Gesellschaft, dich in eine Schublade zu stecken.

„Frauen über 50 sollten...." **Stopp!**

Frauen über 50 sollten **genau das tun, was ihnen gefällt. Punkt.**

„Du bist jetzt in der zweiten Lebenshälfte…"
Na und? Vielleicht kommen die besten Jahre ja erst.
Du hast jetzt Erfahrung, Weisheit – und die Freiheit,
dein Leben nach deinen Vorstellungen zu gestalten.

„Ist das noch altersgerecht?"
Was soll das überhaupt heißen?
Wenn du einen Bikini tragen willst, dann trag ihn.
Wenn du tanzen willst, dann tanz.
Du bist nicht nur in einem bestimmten Alter – **du bist du**. Und das ist genug.

Es ist Zeit, das Bild der „reifen Frau" neu zu definieren – auf deine Weise.

So gestaltest du deine neue Rolle selbst

Definiere dich neu

Wer bist du jetzt – jenseits der Mutterrolle, jenseits deines Berufs, jenseits der Erwartungen anderer? Was macht dir Freude? Was wolltest du schon immer tun? Vielleicht war es die Weltreise. Oder ein kleiner Garten. Oder das Schreiben eines Buchs. Jetzt ist die Zeit dafür. Diese Veränderung ist auch eine Chance – für dich.

Lass los, was dich nicht mehr glücklich macht

Du musst nicht mehr für alles und alle da sein.
Es ist okay, dich selbst in den Mittelpunkt zu stellen.
Ja, du hast dich jahrelang gekümmert – aber jetzt

darfst du dich fragen: Was will ich? Es ist nie zu spät,
neue Wege zu gehen. Selbst kleine Dinge – ein neu
gestrichener Raum, ein neues Hobby – können Wunder
bewirken.

Sag Ja zu neuen Abenteuern
Reisen, Klettern, Yoga-Retreat, Buchclub? Warum nicht?
Es gibt keinen „richtigen" Zeitpunkt – es gibt nur **jetzt**.

**Die Geschichte von Ingrid – Oma sein und trotz-
dem frei**

Ingrid war die klassische Fürsorgemutter. Immer da.
Immer aktiv. Als ihre Kinder aus dem Haus waren und
sie Oma wurde, glaubte sie, dass sich ihr Leben eben
anpassen würde. Enkel betreuen, Hausaufgaben helfen
– so stellte sie sich das vor.

Doch sie fühlte sich… leer.

Bis sie eines Tages eine alte Bekannte traf, die gerade
eine Reise nach Neuseeland gebucht hatte. „Neuseeland? In dem Alter?" dachte Ingrid. Und spürte gleichzeitig ein Kribbeln: Warum eigentlich nicht?

Sie hatte Zeit. Energie. Neugier. Und den Wunsch, mehr
vom Leben zu spüren als nur die nächsten Kinderschu-
he.
Also buchte sie. Und reiste los.

Was sie fand, war mehr als eine ferne Landschaft – es
war ihre eigene Freiheit. Als sie zurückkam, war sie
nicht mehr dieselbe.

Sie war noch immer Oma – aber nicht nur das. Sie war eine Frau, die sich selbst wieder ernst nahm.

Fazit: Mutter? Oma? Ich? – Du entscheidest!

Du bist nicht nur Mutter. Nicht nur Oma.
Du bist DU.

Diese Lebensphase gehört dir – nicht den Erwartungen anderer.
Du musst dich nicht einordnen lassen. Du darfst Grenzen setzen. Du darfst neu anfangen. Und du darfst dein Leben jetzt genießen – **in aller Freiheit.**

Das Leben nach der „roten Linie"?
Es ist deins. Und es ist nicht zu spät, es zu feiern.

Liebe in Zeiten der Hormon- Achterbahn
Wie Beziehungen sich verändern

Liebe in den Wechseljahren

Wenn Nähe zur Herausforderung wird und Veränderung zur Prüfung

Lass uns ehrlich sein: Die Wechseljahre sind nicht gerade der beste Freund einer harmonischen Partnerschaft. Sie schleichen sich nicht auf Zehenspitzen ins Leben, sondern marschieren mit einer Art ungebetener Selbstverständlichkeit mitten hinein – in den Alltag, in das Miteinander, in den Körper, in das Denken.

Mal möchtest du deinen Partner einfach nur in den Arm nehmen – fünf Minuten später fragst du dich, warum er so laut atmet, so wenig fühlt oder warum er die Spülmaschine schon wieder falsch eingeräumt hat.
Der Blick wird schärfer, kritischer, ungeduldiger. Und während du dich selbst nicht wiedererkennst, bleibt er derselbe – oder versucht es zumindest – und versteht die Welt nicht mehr.

Die Wahrheit ist: Die Wechseljahre verändern nicht nur den Körper. Sie verändern das Selbstbild, die Bedürfnisse, die Art, wie du liebst – und manchmal auch, wen du liebst.
Für viele Beziehungen ist diese Zeit nicht weniger als ein Stresstest. Manche scheitern. Andere wachsen daran.

Wenn du dich veränderst, verändert sich alles

In einer Partnerschaft, in der oft über Jahre hinweg unausgesprochene Rituale und stille Abmachungen den Alltag strukturieren, wirkt jede innere Bewegung wie ein Erdbeben.
Denn was du fühlst, färbt ab.
Wenn dein Körper plötzlich Hitzewellen schickt wie ein defekter Heizstrahler und du nachts wach liegst, weil dein Herz rast, deine Gedanken toben und du dich fremd in deinem eigenen Dasein fühlst – dann bekommt auch der Mensch an deiner Seite das zu spüren.

Nicht immer, weil du es willst.
Manchmal, weil du es gar nicht verhindern kannst.

Dein Partner ist plötzlich Zielscheibe deiner Gereiztheit – obwohl du doch eigentlich gar nicht auf ihn wütend bist, sondern auf deinen hormonellen Ausnahmezustand.
Mal brauchst du Nähe, die dich auffängt. Mal brauchst du Abstand, der dich schützt.
Mal möchtest du reden. Mal willst du, dass man dich einfach in Ruhe lässt.
Das Problem: Für dein Gegenüber ist das schwer zu lesen. Besonders dann, wenn sich seine Welt gerade nicht gleichzeitig so sehr verändert wie deine.

Eine Geschichte von Lena und Markus – Wenn zwei Stürme aufeinandertreffen

Lena war 52, als sich alles zu verschieben begann. Es fing harmlos an – mit Müdigkeit, einer leichten Reizbarkeit, einem Gefühl von innerer Unruhe.

Markus, ihr Mann, bemerkte es kaum. Er war mit seinem Job beschäftigt, mit einem Projekt, das ihn nervte, aber Geld brachte, mit seinem Fitnessprogramm, mit dem Garten. Sie führten ein ruhiges, gut eingespieltes Leben.

Doch eines Abends, als sie nebeneinander auf dem Sofa saßen, war da plötzlich diese Stille zwischen ihnen – eine, die sich nicht friedlich, sondern leer anfühlte.

„Ich weiß nicht, ob ich mich gerade verliere", flüsterte Lena, mehr zu sich selbst als zu ihm.
Markus sah von seinem Buch auf. „Wie meinst du das?"
„Ich fühle mich nicht mehr wie ich selbst. Mein Körper macht Dinge, die ich nicht verstehe. Ich schwitze nachts wie in den Tropen, bin tagsüber müde, als hätte ich drei Kinder zur Welt gebracht. Und ich kann mich selbst kaum noch ausstehen. Wie sollst du mich dann noch lieben?"

Er schwieg. Nicht aus Gleichgültigkeit, sondern aus Hilflosigkeit.

In den Wochen danach fiel ihnen auf, dass nicht nur Lena sich veränderte. Auch Markus begann zu hinterfragen: den Job, die Beziehung, das Leben. Seine Midlife-Crisis war subtiler, aber nicht weniger real.
Am Wochenende saß er stundenlang im Keller, sortierte alte Kisten, sah sich Fotos an, die längst verblasst waren.
Beide waren mit sich selbst beschäftigt – und trotzdem miteinander verbunden. Nur anders.

Der Körper wird fremd – und die Seele folgt

Lena konnte ihre eigene Haut manchmal nicht ertragen. Berührungen, die sie früher als wohltuend empfunden hatte, lösten plötzlich Unbehagen aus.
Manche Nächte schlief sie getrennt – nicht aus Ablehnung, sondern aus Notwendigkeit.
„Ich brauche meinen Raum", sagte sie. Und Markus? Der fühlte sich zurückgewiesen, obwohl es keine Zurückweisung war.

Die Lust auf Sex kam und ging. Manchmal war sie überraschend lebendig – und dann wieder tagelang abwesend wie eine verschollene Erinnerung.

Sie begannen, neue Formen der Nähe zu finden. Ein gemeinsames Frühstück. Spaziergänge im Regen. Sich gegenseitig den Nacken massieren, ohne dass es zu mehr führen musste.

Es war nicht leicht. Aber es war echt.

Neue Nähe – aber anders

Liebe in den Wechseljahren bedeutet nicht, dass alles schlechter wird.
Aber vieles wird anders.

- **Zärtlichkeit** kann wachsen, wenn der Druck weicht.

- **Gespräche** können tiefer werden, wenn Masken fallen.

- **Beziehung** kann sich neu erfinden, wenn beide bereit sind, sich selbst wiederzufinden.

Wie eine Partnerschaft diesen Sturm überlebt

🗣️ 1. Reden – auch wenn's nervt

Dein Partner ist kein Hellseher.

Sag, was du brauchst. Auch wenn es sich im nächsten Moment wieder ändern kann.

Sag, wenn du gereizt bist – und dass es nicht (nur) an ihm liegt.

Sag, wenn du nicht schlafen kannst.

Sag, wenn du dich schämst, weil du dich selbst nicht mehr kennst.

💜 2. Gemeinsam neue Rituale schaffen

Nicht alles muss wie früher sein. Aber etwas Neues kann entstehen.

Ein gemeinsamer Abendspaziergang.

Zusammen frühstücken, bevor der Tag beginnt.

Ein kleines Ritual am Sonntagmorgen.

Zärtlichkeit ohne Ziel. Zeit ohne Funktion.

🐟 3. Intimität neu denken

Sex darf, muss aber nicht.

Wenn die Lust sich verändert, ist das kein Ende – sondern eine Einladung, anders zu lieben.

Gleitgel ist keine Schwäche.

Massagen, Berührungen, Nähe ohne Druck – all das ist Intimität.

Erlaubt ist, was euch beiden guttut.

😄 4. Lachen hilft

Manchmal bleibt nur noch der Humor.

Lach über die Hitzewallungen, wenn sie kommen.
Über die Stimmungsschwankungen, die plötzlich ins
Wohnzimmer platzen.
Lach darüber, wie wenig ihr manchmal versteht – und
wie viel ihr trotzdem noch füreinander empfindet.

Fazit: Die Liebe verändert sich. Und das ist gut so.

Die Wechseljahre sind keine Katastrophe.
Sie sind eine Einladung zur Ehrlichkeit.
Zur Reifung.
Zur zweiten Tiefe.

Wenn du dich veränderst, dann verändert sich auch
deine Liebe.
Und wenn ihr bereit seid, euch gegenseitig diese Ent-
wicklung zuzugestehen – ohne Druck, ohne alte Maß-
stäbe –, dann könnt ihr zusammen eine neue Form der
Nähe entdecken.

Vielleicht weniger leidenschaftlich als mit 30.
Aber weicher. Wahrhaftiger.

Denn:
Liebe in den Wechseljahren ist nicht das Ende.
Sie ist der Beginn einer neuen Geschichte.

Eurer.

Digitale Frustration und andere Nervfaktoren –Technik trifft Hitzewallung

Kennst du das?

Du willst nur mal schnell eine E-Mail schreiben – und zack! Der Bildschirm friert ein. Die Mail ist weg. Die Laune auch.

Dein Handy piept, summt, blinkt. Du suchst verzweifelt die richtige Taste auf der Fernbedienung, drückst versehentlich Netflix statt Nachrichten, und beim Online-Banking wirst du plötzlich aufgefordert, ein neues Passwort mit 17 Sonderzeichen, einer altgriechischen Vokabel und deinem ersten Babyzahn einzugeben. Echt jetzt?

Willkommen im Zeitalter der digitalen Frustration.

Technik sollte unser Leben eigentlich leichter machen – das war mal die Idee. Heute scheint sie oft genau das Gegenteil zu tun: Sie fordert, überfordert, bringt uns zum Verzweifeln.

Warum nervt Technik in den Wechseljahren eigentlich NOCH mehr als sonst?

1. Wenn der Körper ohnehin unter Strom steht...

... dann ist für digitale Fehlermeldungen schlicht keine Geduld mehr übrig. Wer gerade eine Hitzewallung hat oder sich im hormonellen Ausnahmezustand befindet, dem fehlt oft schlicht die emotionale Pufferzone für

ruckelnde Bildschirme, unlogische Updates oder abstür-
zende Apps.

Formel:
Wechseljahre + Technikstress = Explosi-
onsgefahr

2. Das digitale Tempo ist schneller als unser Bedürfnis nach Ruhe

Während du noch versuchst zu verstehen, wie deine
neue App funktioniert, gibt's schon ein Update. Das
alles verändert. Natürlich. Und du stehst wieder da wie
ein digitaler Neandertaler – ratlos, überfordert, genervt.

Fortschritt? Manchmal fühlt sich's eher
nach Rückschritt an.

3. Ständige Erreichbarkeit ist ein Nervengift

E-Mails, Push-Nachrichten, Erinnerungen, WhatsApp-Benachrichtigungen: Das Handy klingelt, blinkt, vibriert –
immer Pausen? Selten. Rückzug? Schwer.

Gerade jetzt, wo du dich vielleicht ohnehin sensibler,
reizbarer, verletzlicher fühlst, raubt dir diese Dauerpräsenz den letzten Nerv.

Susannes Geschichte: Der Tag, an dem sie fast ihr Handy versenkt hätte

Susanne ist 54. Jahrelang hielt sie sich für ziemlich fjt
was Technik betrifft. Dann kaufte sie sich ein neues
Smartphone. Eigentlich wollte sie nur schnell ihre Kontakte übertragen.

„Plötzlich war ALLES weg. Mein Telefon-
buch – leer. WhatsApp – nur noch Frage-
zeichen. Dann kam die Meldung: Ihr Goo-
gle-Konto wurde gesperrt.

Was folgte: Hitzewallung. Panik. Tränen.

„Ich saß da, schweißgebadet, völlig überfordert – und überlegte ernsthaft, das Ding
in die Badewanne zu werfen."

Erst nach mehreren Nervenzusammenbrüchen, zwei
Gläsern Wein und einem leicht hysterischen Lachen rief
sie ihren Sohn an. Der brauchte genau fünf Minuten,
um alleszu reparieren.

„Ich hätte vor Erleichterung UND Wut
gleichzeitig heulen können."

Heute geht Susanne entspannter mit Technik um. Ihr
neues Mantra lautet:

**„Wenn nichts funktioniert: tief durch-
atmen – und jemanden Jüngeren fragen."**

**Die größten digitalen Nervfaktoren – und wie du sie
überlebst**

1. Der tägliche Kampf mit dem Computer

Problem: Der Laptop hängt sich auf. Ein Programm
spinnt. Eine Datei ist plötzlich verschwundenUnd du
warst SO kurz davor, endlich fertig zu sein.

Lösungen:

- **Nicht aus dem Fenster werfen.** Erst mal tief durchatmen.

- **Speichern, speichern, speichern!** Regelmä-ßige Backups retten Leben – na ja, zumindest Nerven.

- **Wenn gar nichts mehr geht:** Rechner runter-fahren, Tee kochen, zehn Minuten warten. Oft hilft das mehr als wildes Herumgeklicke.

2. Das Handy – Piepen, Blinken, Dauerstress

Problem: 45 Benachrichtigungen, drei Anrufe in Abwe-senheit, ein Kalender-Reminder und ein neues Whats-App-Update. Alles innerhalb der letzten Stunde.

Lösungen:

- **Benachrichtigungen reduzieren.** Du musst nicht allessofort sehen.

- **Handyfreie Zonen schaffen.** Schlafzimmer, Essenszeiten oder einfach mal eine Stunde „Di-gital Detox" pro Tag – dein Kopf wird es dir danken.

3. Passwörter – die Endgegner des digitalen Zeit-alters

Problem:
„Ihr Passwort ist zu schwach."

„Dieses Passwort wurde bereits verwendet."
„Bitte geben Sie ein neues ein – mit Großbuchstaben,
Zahlen, Sonderzeichen und einem Zauberspruch."

Lösungen:

- **Ein analoges Notizbuch.** Altmodisch? Ja.
  Aber effektiv.

- **Passwort-Manager.** Ein sicheres Programm
  merkt sich alle – du brauchst nur noch eines

4. Die Fernbedienung – das Gerät mit 100 nutzlosen Tasten

Problem: Du willst nur Fernsehen. Warum gibt es 10
Knöpfe für alles Mögliche, aber keinen für „Mach einfach?

Lösungen:

- **Universalfernbedienung mit Basic-Funkti-
  onen.** Reduziert auf das Wesentliche – wie
  Espresso ohne Schnickschnack.

- **Oder: Lass jemand anderen drücken.** Kein
  Witz. Manchmal ist delegieren einfach der
  Schlüssel zum Frieden.

Wie du deinen digitalen Frieden findest

- **Digital Detox bewusst einführen**
  Eine Stunde pro Tag offline – ohne Handy, ohne
  Bildschirm. Einfach nur Ruhe

- **Technik als Werkzeug sehen, nicht als Chef**
  Du entscheidest, wann du online bist – nicht dein Smartphone.

- **Humor statt Hysterie**
  Wenn nichts funktioniert: Lachen hilft oft mehr als Schreien. (Und ist besser für die Stimmbänder.)

Fazit: Technik wird nicht einfacher – aber du kannst entspannter damit umgehen

Die digitale Welt ist da – und sie bleibt. Ja, sie nervt manchmal. Ja, sie kann uns zur Weißglut treiben.

Aber: Du musst das Spiel nicht immer mitspielen. Du kannst es dir leichter machen, Wege finden, mit mehr Ruhe und weniger Frust durch den digitalen Dschungel zu navigieren.

Also: Atme durch. Drück die richtigen Knöpfe – und wenn wirklich alles schiefläuft…

> … leg das Gerät zur Seite, trink einen Tee – und nimm dir eine Pause.

Karriere,Neustart oder endlich ich selbst?–Beruflicher Wandel in der zweiten Lebenshälfte

Beruflicher Neustart in den Wechseljahren – Warum es plötzlich nicht mehr „einfach weiter so" geht

Früher dachtest du vielleicht: Ich ziehe das jetzt durch – noch ein paar Jahre bis zur Rente, Augen zu und durch.
Doch heute? Heute liegst du abends auf dem Sofa und fragst dich:

> „Will ich das wirklich noch jahrelang machen?"
> „Warum bin ich eigentlich jeden Tag so erschöpft nach der Arbeit?"
> „Sollte ich den Absprung wagen – und nochmal etwas ganz Neues probieren?"

Herzlich willkommen in einer Lebensphase, in der sich bei vielen Frauen der Blick auf Arbeit radikal verändert – und das mit gutem Grund.

Warum verändert sich unsere Haltung zur Arbeit gerade jetzt?

1. Weniger Lust auf Stress – mehr Sehnsucht nach Leben

Jahrelang hast du funktioniert. Deadlines eingehalten, Projekte gestemmt, nebenbei vielleicht noch Familie

organisiert. Du warst pünktlich, loyal, leistungsbereit.
Aber jetzt spürst du: Diese Form von Alltag reicht dir
nicht mehr.
Du willst mehr
Nicht mehr Druck, sondern mehr Raum. Nicht mehr
Termine, sondern mehr Zeit für dich. Nicht mehr Funkti-
onieren – sondern Fühlen.

2. Der Wunsch nach Sinn wird größer

Vielleicht fragst du dich: „Was tue ich da eigentlich den
 ganzen Tag?"
Du sehnst dich nach einer Arbeit, die dich nicht nur
ernährt, sondern erfüllt.
Etwas, das Sinn stiftet. Oder schlichtweg Freude macht.
Denn seien wir ehrlich: Nur um am Monatsende deine
Miete zahlen zu können, möchtest du dich nicht länger
aufreiben.

3. Die Erkenntnis: Zeit ist kein unerschöpfliches Gut

Früher fühlte sich das Leben lang an – fast endlos.
Aber jetzt, mit Mitte oder Ende 50, wird dir klar: Die
Jahre bis zur Rente sind nicht mehr so viele. Und auch
danach willst du dich lebendig fühlen – nicht ausge-
brannt.
 Wenn nicht jetzt, wann dann?
Diese Frage kommt nicht aus dem Kopf – sie kommt
aus dem Bauch.

Jeanettes Geschichte: Die Kündigung, die ihr Leben veränderte

Jeanette, 56, war so etwas wie das Rückgrat ihrer Firma.

Seit über 30 Jahren arbeitete sie im selben Unternehmen. Pünktlich, engagiert, zuverlässig – bis zu dem Tag, an dem sie morgens aufwachte und dachte:
 „Ich kann nicht mehr. Ich will nicht mehr. Ich halte das
 keine zehn Jahre mehr aus."

Dann kam dieser eine Moment der Klarheit:
„Was, wenn ich endlich etwas für mich tue – nicht für andere?"
Sie kündigte. Begann eine Ausbildung zur Heilpraktikerin.
Es war kein leichter Weg, sagt sie – aber der wichtigste ihres Lebens.

> „Heute habe ich meine eigene Praxis. Ich
> arbeite selbstbestimmt, in meinem Tempo.
> Und zum ersten Mal seit Jahren bin ich
> wieder lebendig."

Ihr Rat an andere Frauen:

> „Es gibt kein ‚zu spät'. Nur die Frage: Hast
> du den Mut, es wirklich zu wollen?"

Welche Wege stehen dir offen?

1. Gleicher Job – weniger Stress

Du magst deinen Beruf, aber er schlaucht dich?
Dann überlege:

- Könntest du deine Stunden reduzieren?

- Gibt es eine ruhigere Position im Unternehmen?

- Ist Homeoffice eine Option?
  Schon kleine Veränderungen können große
  Wirkung haben.

2. Neustart – endlich das tun, was du wirklich liebst

Du hast eine Leidenschaft, die du immer hinten ange-
stellt hast?
Vielleicht ist jetzt der Moment, sie ins Zentrum zu rücken.
Weiterbildung, Umschulung, Selbstständigkeit – es gibt
viele Wege, deiner inneren Stimme zu folgen.

3. Vorruhestand – ein mutiger Schritt zur Freiheit

Vielleicht spürst du: Ich brauche nicht mehr, ich will
weniger.
Weniger Besitz, weniger Verpflichtung – dafür mehr
Freiheit, mehr Zeit.
Wenn es finanziell machbar ist, kann ein früher Ruhestand oder ein bewusst reduziertes Leben der Anfang
von etwas Wunderbarem sein.

Wie findest du heraus, was zu dir passt?

Stell dir vor, Geld spielt keine Rolle. Was würdest du dann tun?
Diese Frage kann ein Kompass sein – sie zeigt dir, was dir wirklich wichtig ist.

Teste deine Ideen, bevor du alles hinter dir lässt
Du musst nicht sofort alles hinschmeißen. Probiere neue Wege erstmal nebenbei aus. Vielleicht wird aus dem Nebenprojekt eine Berufung.

Sprich mit anderen Frauen, die es gewagt haben
Inspiration ist ansteckend. Der Austausch mit Gleichgesinnten zeigt dir, was möglich ist – und dass du nicht allein bist.

Fazit: Dein Leben. Deine Regeln.

Ob du bleibst, gehst, dich neu erfindest oder einfach nur weniger arbeitest – die Entscheidung liegt bei dir.
Mach das, was dich erfüllt.
Nicht das, was du schon immer gemacht hast
Denn: Es ist nie zu spät, neu zu wählen.
Und manchmal beginnt das beste Kapitel deines Lebens genau dann, wenn du den Mut hast, eine Seite umzublättern.

Neue Hobbys oder Couch-Potato? – Was du jetzt für dich tun kannst

Schwester, es ist Zeit für eine ehrliche Frage: Was machst du eigentlich mit deiner Zeit – wirklich?

A) Du liegst auf der Couch, scrollst durch dein Handy und wunderst dich, warum der Tag so schnell vorbei war.

B) Du hast plötzlich tausend Ideen, was du alles machen willst – aber irgendwie fängst du nie richtig an.

C) Du hast ein neues Hobby, das dich begeistert – und fragst dich, warum du nicht schon viel früher damit angefangen hast.

Falls du A oder B gewählt hast – keine Panik!
Das bedeutet nur, dass du gerade in einer Übergangsphase steckst.

Die Wechseljahre sind der perfekte Moment, um dich selbst neu zu entdecken.
Jetzt ist die Zeit, dich zu fragen:

„Was macht mich eigentlich wirklich glücklich?"

Warum ist jetzt der beste Zeitpunkt, etwas Neues zu wagen?

1. Weil du es endlich kannst.
Jahrzehntelang hast du funktioniert – jetzt darfst du dich um dich selbst kümmern.

2. Neues zu lernen hält jung.

Dein Gehirn liebt Herausforderungen – egal ob eine neue Sprache, ein Instrument oder ein kreatives Projekt.

3. Bewegung tut gut – und macht Spaß.

Sport ist nicht nur gesund, sondern kann pure Freude sein – wenn du das Richtige für dich findest.

4. Weil es einfach verdammt viel Spaß macht, sich selbst neu zu entdecken.

Heikes Geschichte:

Wie sie mit 60 ihre Leidenschaft fürs Malen entdeckte

Heike, 60, dachte immer, sie sei völlig unkreativ.
„In der Schule war Kunst mein schlechtestes Fach. Meine Bilder sahen aus, als hätte sie ein Kind mit geschlossenen Augen gemalt."

Dann bekam sie von einer Freundin einen Malkurs geschenkt – und wollte eigentlich gar nicht hingehen.
„Ich dachte: Das wird doch eh peinlich."

Aber dann passierte etwas:
„Nach den ersten Pinselstrichen war ich wie hypnotisiert. Es war mir völlig egal, ob mein Bild perfekt war – ich hatte einfach Spaß!"

Heute malt Heike fast jeden Tag.
„Es macht mich glücklich. Und weißt du was? Ich hätte nie gedacht, dass ich das kann!"

Ihr Rat an alle Frauen in den Wechseljahren:
„Probiere Dinge aus! Du hast keine Ahnung, was für
Talente in dir schlummern."

Welche Hobbys könnten jetzt zu dir passen?

Kreative Explosion:
Malen, Schreiben, Fotografieren, Handarbeit – egal was,
Hauptsache, es macht dir Freude!

Raus aus der Komfortzone:
Warum nicht mal Theaterspielen, einen Tanzkurs machen oder Karaoke ausprobieren?

Entspannung und Achtsamkeit:
Yoga, Meditation, Gartenarbeit – alles, was dich runter-
bringt und dir guttut.

Aktiv werden – aber mit Spaß:
Wandern, Tanzen, Schwimmen, Radfahren – finde etwas, das dich nicht quält, sondern glücklich macht.

Reisen & Entdecken:
Ob Fernreise oder kleine Ausflüge – jetzt ist die Zeit,
Neues zu sehen und deinen Horizont zu erweitern.

Aber was, wenn ich einfach mal NICHTS tun will?

Auch völlig okay!
Nichtstun ist eine Kunst – und verdammt gesund.

- Lies Bücher – ohne schlechtes Gewissen.

- Lieg einfach mal faul in der Sonne.

- Genieße es, keinen Stress zu haben.

Es geht **nicht** darum, ständig produktiv zu sein –
sondern das Leben **bewusst** zu genießen.

Wie du herausfindest, was dich wirklich begeistert:

Stell dir vor, Geld spielt keine Rolle. Was würdest du tun?

Diese Frage zeigt dir oft, was dir wirklich wichtig ist.

Teste es aus, bevor du alles hinschmeißt.

Falls du über einen neuen Job oder die Selbstständigkeit
nachdenkst: Fang erstmal nebenbei an.

Sei offen für Überraschungen.

Die besten Erlebnisse entstehen oft genau dann, wenn
du sie am wenigsten erwartest.

Fazit: Dein Leben, deine Regeln!

Ob du ein neues Hobby anfängst oder einfach mal entschleunigst –
tu das, was **dich** glücklich macht.

Denn ab jetzt gilt:
Kein „Ich muss" – sondern nur noch „Ich will".

Der Körper als Projekt–Muskelkater, Beckenboden & Co.

Früher bist du morgens einfach aus dem Bett gesprungen. Heute?

Du richtest dich langsam auf. Spürst, wie jeder Knochen und jede Muskelpartie dich ganz vorsichtig begrüßt – oder vielleicht auch warnt. Du streckst dich, gähnst tief, lässt deinen Körper erst einmal sanft erwachen. Ein leises Knacken hier, ein leichtes Ziehen dort. Alles fühlt sich anders an als noch vor ein paar Jahren.

Dann stehst du auf, setzt die ersten Schritte. Vielleicht bewegst du dich mit der Eleganz eines rostigen Roboters, der gerade erst wieder in Gang gesetzt wird.

Ja, Schwester, wir müssen über den Körper sprechen – unseren Körper, der sich in den Wechseljahren verändert und uns manchmal ganz schön herausfordert.

Die stille Revolution in dir – was passiert in den Wechseljahren mit deinem Körper?

Die Wechseljahre sind viel mehr als „nur" Hitzewallungen und Stimmungsschwankungen. Sie bringen eine ganze Reihe körperlicher Veränderungen mit sich, die oft unterschätzt oder verdrängt werden. Gelenke, die knirschen, Muskeln, die nicht mehr so mitspielen wie früher, und ein Beckenboden, der langsam seine Kraft verliert – all das sind Zeichen, dass dein Körper sich in einer neuen Phase befindet.

Diese Veränderungen können verunsichern, frustrieren und auch traurig machen. Aber sie sind nicht das Ende, sondern der Beginn einer neuen Beziehung zu dir selbst – eine Einladung, deinen Körper jetzt mit mehr Aufmerksamkeit, Respekt und Liebe zu behandeln.

Warum fühlt sich der Körper plötzlich anders an?

1. Muskeln schmelzen dahin – wenn du nichts tust

Ab dem Beginn der Wechseljahre verlieren Frauen jährlich bis zu 3 % Muskelmasse. Das mag auf den ersten Blick nicht viel klingen, aber kumuliert über einige Jahre bedeutet das deutlich weniger Kraft, weniger Energie und einen langsameren Stoffwechsel.
Weniger Muskelmasse heißt: Der Körper wird anfälliger für Verletzungen, Knochen werden nicht mehr so gut geschützt, und du fühlst dich schnell müde und schlapp.
Das Entscheidende ist: Diesen Prozess kannst du aktiv beeinflussen! Muskeltraining ist kein Jungbrunnen, aber eine der besten Maßnahmen, um deinen Körper stark und lebendig zu halten. Und keine Angst – du musst kein Fitnessmodel werden. Schon wenige einfache Übungen reichen aus, um den Muskelschwund zu stoppen und sogar umzukehren.

2. Gelenke knirschen – wie eine alte Tür

Mit dem Absinken des Östrogenspiegels verschlechtert sich auch die Schmierung deiner Gelenke. Die Knorpel werden dünner, die Gelenkflüssigkeit weniger „geschmeidig". Das Ergebnis sind die typischen Geräusche

und das Gefühl von Steifigkeit, das viele Frauen in den
Wechseljahren beschreiben.

Sanfte Bewegung ist hier das Zauberwort: Schwimmen,
Yoga, Radfahren oder regelmäßige Spaziergänge versorgen die Gelenke mit Nährstoffen, halten sie beweglich und verringern Schmerzen.

3. Der Beckenboden – ein oft unterschätztes Muskelpaket

Egal, ob du Kinder bekommen hast oder nicht, der Beckenboden wird mit zunehmendem Alter schwächer. Er
verliert an Spannkraft, was Auswirkungen auf die Bla-
senkontrolle, die Haltung und sogar das sexuelle Emp-
finden haben kann.

Gezielte Beckenbodenübungen sind ein Muss, um In-
kontinenz vorzubeugen und deine Lebensqualität zu
steigern. Viele Frauen trauen sich kaum, darüber zu
sprechen – doch es ist nichts Peinliches, sondern ein
natürlicher Prozess, den du mit ein wenig Training entscheidend verbessern kannst.

4. Der Stoffwechsel wird träger – aber du kannst ihn austricksen!

Ein langsamerer Stoffwechsel bedeutet, dass dein Körper weniger Kalorien verbrennt, selbst wenn du dich
nicht verändert hast. Das kann zu Gewichtszunahme
und einem allgemeinen Energietief führen.

Die Lösung ist eine Kombination aus mehr Muskeln (die
verbrennen mehr Kalorien auch im Ruhezustand) und
einer eiweißreichen Ernährung, die deinen Körper dabei
unterstützt, die Muskelmasse zu erhalten oder sogar
auszubauen.

Tinas Geschichte – Die Frau, die sich für untrainierbar hielt

Tina, 55 Jahre alt, galt in ihrem Freundeskreis immer als die „Sportmuffelin". Sie war überzeugt, dass Bewegung nichts für sie sei. „Ich hab Rücken" war ihr Dauermotto, und der Gedanke an Gymnastik oder Sport ließ sie innerlich zusammenzucken.

Doch eines Tages wurde es ihr zu viel: Sie konnte ihre Einkaufstasche nicht mehr ohne Schmerzen heben, und selbst kleine Aufgaben fühlten sich anstrengend an.

„Ich wusste, wenn ich mich nicht bewege, wird das alles nur noch schlimmer", erzählt sie heute. Also begann sie ganz langsam – mit kurzen Spaziergängen um den Block, erst einmal ohne große Ambitionen.

Nach und nach ergänzte sie ihr Programm mit sanften Kraftübungen. Nicht im Fitnessstudio, sondern zu Hause mit kleinen Hanteln und Körpergewichtsübungen. Nach ein paar Monaten spürte sie einen Unterschied: Sie fühlte sich kräftiger, beweglicher und einfach besser.

„Ich bin vielleicht keine Sportlerin, aber ich bin stark. Und das gibt mir Sicherheit und Lebensfreude."

Was kannst du konkret tun, um stark und beweglich zu bleiben?

1. Krafttraining für Frauen? JA, BITTE!

Muskelaufbau ist keine Frage des Alters. Frauen in den Wechseljahren profitieren enorm von 2–3 kurzen Einheiten Krafttraining pro Woche.

Dabei geht es nicht um Bodybuilding, sondern um funktionale Übungen, die dir im Alltag Kraft schenken – wie

Treppensteigen, Einkaufstaschen tragen oder einfach aufrecht und schmerzfrei sitzen.

Bereits 20–30 Minuten pro Einheit können ausreichen, um spürbare Erfolge zu erzielen.

2. Dehnen & Mobilität – weil geschmeidig besser ist als steif

Beweglichkeit ist der Schlüssel, um auch im Alter gesund und schmerzfrei zu bleiben. 5–10 Minuten tägliches Dehnen helfen, Verspannungen zu lösen, die Haltung zu verbessern und Verletzungen vorzubeugen. Yoga oder Pilates sind hervorragende Methoden, um Muskeln und Gelenke sanft zu mobilisieren.

3. Alltagsbewegung zählt auch!

Du musst nicht jeden Tag ins Fitnessstudio rennen. Auch kleine Bewegungen im Alltag helfen: Treppen statt Aufzug, Gartenarbeit, spazieren gehen mit einer Freundin oder auch Tanzen im Wohnzimmer.

Jede Bewegung zählt und sorgt dafür, dass dein Körper in Schwung bleibt.

4. Beckenboden-Training – unsichtbar, aber effektiv!

Regelmäßige Übungen stärken die Muskulatur tief im Körperinneren, verbessern die Haltung, beugen Blasenschwäche vor und können sogar die Lebensqualität im Liebesleben erhöhen.

Viele Frauen unterschätzen diesen Bereich, dabei ist er entscheidend für ein gutes Körpergefühl.

Warum sich der Aufwand lohnt – und wie du Freude dabei findest

Der Wechseljahre-Körper ist kein alter, klappriger Wagen, der nur noch repariert werden kann. Er ist eher ein Oldtimer – voller Charakter, Geschichte und Lebenserfahrung. Er braucht Pflege, Aufmerksamkeit und die richtigen „Reparaturen", um noch viele Jahre zuverlässig und voller Freude zu laufen.

Mit der richtigen Pflege und Bewegung kannst du nicht nur den körperlichen Verfall stoppen, sondern dich stärker, selbstbewusster und wohler fühlen als je zuvor. Viele Frauen erleben diese Jahre als eine Zeit des Aufbruchs, der neuen Freiheit und Selbstentdeckung.

Und was, wenn du gerade gar keinen Bock auf Sport hast?

Auch das ist okay. Manchmal ist es wichtiger, einfach mal nichts zu tun, ohne schlechtes Gewissen.
Nichts zu tun kann eine Kunst sein und sogar heilsam.
Lies ein Buch in der Sonne, genieße eine Tasse Tee, gönn dir bewusst Momente der Ruhe und Erholung.
Du bist nicht verpflichtet, ständig produktiv zu sein – dein Leben sollst du bewusst genießen.

Wie findest du heraus, was dich wirklich begeistert?

1. Stell dir vor, Geld spielt keine Rolle. Was würdest du tun?

Diese Frage kann dir helfen, deine wahren Wünsche und Träume zu erkennen. Manchmal zeigt sich darin, was dir im Alltag fehlt.

2. Teste aus, bevor du alles hinschmeißt!

Wenn du überlegst, etwas Neues zu wagen – sei es ein Hobby, ein Job oder eine neue Lebensweise – fang erst mal klein an. Probiere es nebenbei, ohne Druck.

3. Sei offen für Überraschungen!

Manchmal entstehen die schönsten Erfahrungen genau dann, wenn du es am wenigsten erwartest.

Dein Leben – deine Regeln!

Die Wechseljahre sind keine Zeit des Verzichts, sondern des Neuanfangs. Ob du ein neues Hobby anfängst, dich mehr bewegst oder einfach mal entschleunigst – tu das, was dich glücklich macht.
Denn ab jetzt gilt: Kein „Ich muss" mehr, sondern nur noch „Ich will".

Du bist nicht allein auf diesem Weg. Deine Geschichte, dein Körper und deine Seele verdienen Respekt, Fürsorge und vor allem Freude.

Weniger ist mehr –Minimalismus und Loslassen als neue Superkraft

Lady, es ist Zeit, Ballast abzuwerfen!

Hast du das auch schon gespürt? Mit den Wechseljahren kommt nicht nur der Körper in Bewegung – sondern auch dein inneres Bedürfnis, endlich loszulassen. Etwas zu entrümpeln, auszumisten – auf allen Ebenen.

Es ist, als würde dein Geist in einem sanften, aber entschlossenen Aufstand gegen alles Überflüssige gehen.

Der Kleiderschrank quillt über, doch nichts fühlt sich mehr wirklich stimmig an.
✔ Die Kalender sind voll mit Terminen, die du kaum mehr erfüllen willst.
✔ Und dann die Menschen – manche saugen dir einfach nur Energie ab, obwohl du längst weißt, dass du sie nicht brauchst.

Die Wechseljahre sind der perfekte Moment für eine klare Ansage: Mehr Platz schaffen – für dich, für das Wesentliche, für das Leben, das du jetzt wirklich willst.

Warum gerade jetzt der perfekte Moment ist, um loszulassen

1. Weil du keine Lust mehr auf unnötigen Ballast hast

Früher hast du Dinge aufgehoben, weil „man sie ja noch brauchen könnte" – diese alte Uhr, der zerknitterte

Rock, die endlosen Notizzettel.
Jetzt hast du den Wunsch, dich von diesem Gepäck zu befreien. Du spürst: Dieses Loslassen schafft nicht nur Platz in deinem Zuhause, sondern auch in deinem Herzen.
Du willst nicht mehr „irgendwann mal" sortieren oder dich mit Dingen belasten, die dich eigentlich nur runterziehen.

2. Weil du deine Zeit nicht mehr verschwenden willst

Wie oft hast du schon an einem belanglosen Smalltalk teilgenommen, obwohl du innerlich gestöhnt hast? Oder Verpflichtungen erfüllt, nur weil „man das halt so macht"?
Jetzt ist Schluss damit. Du willst deine Zeit mit Menschen und Tätigkeiten verbringen, die dich wirklich erfüllen – nicht nur, weil es gesellschaftlich erwartet wird. Du willst bewusster leben, bewusster lieben und bewusst entscheiden, was dir wirklich gut tut.

3. Weil weniger manchmal wirklich mehr ist

Weniger Zeug bedeutet weniger Chaos – und damit mehr Klarheit. Ein aufgeräumter Kleiderschrank, ein leereres Bücherregal, ein frei gefegtes Büro geben dir Raum für Gedanken, Ideen und Energie.
Weniger Verpflichtungen bedeuten mehr Zeit für das, was dich glücklich macht. Für deine Hobbys, für neue Projekte, für dich selbst.

Claudias Geschichte: Der Tag, an dem sie ihre Vergangenheit ausmistete

Claudia, 53 Jahre alt, lebte jahrelang mit einem Dachboden voller Erinnerungen. Alte Briefe von Freunden, ausgetragene Klamotten, Möbelstücke, die längst keine Funktion mehr hatten.
„Ich hatte immer Angst, etwas wegzuwerfen", erzählt sie. „Jedes Teil war wie ein Stück meiner Geschichte."
Doch irgendwann fragte sie sich: „Warum hänge ich so an all dem Zeug? Was will ich eigentlich behalten, und was hält mich nur zurück?"

Eines Tages fasste sie den Mut zu einer radikalen Aktion: Sie mietete einen Container und begann, alles loszuwerden, was sie nicht mehr brauchte.
„Es war befreiend. Als hätte ich endlich Platz geschaffen – nicht nur in meiner Wohnung, sondern auch in meinem Kopf."
Heute lebt Claudia minimalistischer und glücklicher denn je. Sie hat gelernt: Loslassen ist kein Verlust, sondern ein Gewinn.

Wie du dich von Ballast befreist – ohne Drama, aber mit Spaß!

Die Kleiderschrank-Challenge

Alles, was du ein Jahr lang nicht getragen hast – weg damit! Es ist erstaunlich, wie schnell sich so der Raum und die Leichtigkeit in deinem Alltag verändern.

Die digitale Detox-Woche

Keine unnötigen Nachrichten, weniger Social Media –
dafür mehr echte Gespräche, echte Begegnungen.
Einfach mal abschalten, um wieder klarer zu sehen.

Toxische Menschen loslassen

Wenn du dich nach einem Treffen schlechter fühlst als
vorher, dann überdenke die Freundschaft. Freundschaften sollen dich tragen, nicht auslaugen.

Fazit: Weniger Zeug, weniger Stress – mehr du selbst!

Die Wechseljahre sind die beste Zeit, um alles loszuwerden, was nicht mehr zu dir passt – sei es materielle
Dinge, überholte Gewohnheiten oder Beziehungen, die
dich bremsen.

Also: Räum auf, atme tief durch – und genieße die neue
Leichtigkeit, die du dir schaffst.

Du hast jetzt die Freiheit, dein Leben neu zu gestalten.
Und das ist eine wunderbare Chance!

Gesundheit ist das neue Schönheitsideal– Was wirklich zählt

Lady, lass uns Tacheles reden:
Wir haben genug Jahre damit verschwendet, uns über Falten, Kleidergrößen und Cellulite Gedanken zu machen. In einer Welt, die uns ständig vorschreibt, wie wir auszusehen haben, wie unsere Haut zu sein hat, wie Haare fallen oder Körperformen aussehen sollten, haben wir uns oft in einem Strudel von Vergleichen und Selbstzweifeln verloren. Aber ab jetzt ist Schluss damit!

Die Wechseljahre öffnen eine Tür zu einer ganz neuen Wahrheit: Es geht nicht mehr darum, jung auszusehen – sondern darum, sich gesund, stark und lebendig zu fühlen. Es geht nicht mehr um Perfektion, sondern um Wohlbefinden, um Authentizität und Selbstannahme.

Warum sich das Schönheitsbild in dieser Phase radikal verändert

Mit den Jahren wandelt sich nicht nur unser Körper, sondern auch unsere Sichtweise auf Schönheit. Während wir in jüngeren Jahren oft dem Druck nachgeben, einer bestimmten äußeren Norm entsprechen zu müssen, lernen wir in den Wechseljahren, dass wahre Schönheit tief im Inneren beginnt. Sie zeigt sich in dem, was wir mit uns selbst machen und wie wir uns fühlen – nicht in der glatten Haut oder einer bestimmten Kleidergröße.

1. Weil du keine Lust mehr auf den Unsinn hast

Früher hast du dich verrückt gemacht, wenn die Waage zwei Kilo mehr angezeigt hat oder ein Kleid nicht mehr so perfekt saß wie früher. Heute? Pffft. Du erkennst, dass es nicht darum geht, wie viel du wiegst, sondern wie stark, gesund und energiegeladen du dich fühlst. Der Druck, einer Norm zu entsprechen, wird weniger, weil du lernst, deinen Körper in seiner jetzigen Form anzunehmen und zu lieben. Du bist keine Zahl auf der Waage oder eine Kleidergröße. Du bist eine Frau, die sich in ihrer Haut wohlfühlt und diese innere Stärke ausstrahlt.

2. Weil du stark sein willst, nicht nur schlank

Wer braucht schon Size Zero, wenn man Muskeln haben kann, die helfen, fit und beweglich zu bleiben? Die Zeiten, in denen dünn gleich schön war, sind vorbei. Jetzt geht es darum, sich stark und vital zu fühlen. Muskeln sind nicht nur fürs Aussehen wichtig, sondern für die Gesundheit. Sie verbessern den Stoffwechsel, stabilisieren den Körper und schützen die Gelenke. Wenn du dich fit fühlst, strahlst du eine ganz andere Energie aus – eine, die viel mehr zählt als die Zahl auf der Waage.

3. Weil Wohlfühlen wichtiger wird als Perfektion

Ein gesunder Darm, guter Schlaf und innere Balance sind das neue Botox. Früher haben wir uns oft in der Jagd nach einem perfekten Aussehen verloren. Jetzt wissen wir, dass wahre Schönheit von innen kommt. Du beginnst, dich weniger auf äußere Merkmale zu konzentrieren und mehr darauf, wie du dich innerlich fühlst. Ein ausgeglichener Hormonhaushalt, stabiler Blutdruck, gesunde Organe – all das wirkt sich positiv auf dein äußeres Erscheinungsbild aus. Wenn du dich gut fühlst, strahlst du das automatisch nach außen.

Wie du dich von innen heraus gesund und schön fühlst

Es geht nicht mehr darum, sich äußerlich zu verändern, um der Gesellschaft zu gefallen. Es geht darum, sich selbst etwas Gutes zu tun, von innen heraus zu strahlen und das Beste aus deinem Körper herauszuholen. Deine Gesundheit ist deine wahre Schönheit – und das ist die neue Definition von „Schönheit".

1. Ernährung – Dein Körper ist kein Mülleimer

Was du isst, beeinflusst direkt deine Haut, deine Energie und dein Wohlbefinden. Eine ausgewogene Ernährung ist jetzt wichtiger denn je, um dich gesund und vital zu fühlen.

- **Mehr Proteine:** Muskeln brauchen Futter! Proteinreiche Lebensmittel wie Hülsenfrüchte, Fisch und mageres Fleisch fördern den Muskelaufbau und kurbeln den Stoffwechsel an.

- **Weniger Zucker:** Zucker ist ein echter Feind, wenn es um Hautalterung geht. Er führt zu

Entzündungen und macht die Haut anfälliger für Faltenbildung.

- **Gute Fette für Gehirn & Haut:** Avocado, Nüsse, Olivenöl – gesunde Fette sind wahre Schönheits-Booster. Sie unterstützen die Haut, machen sie elastischer und helfen, die inneren Organe gesund zu halten.

2. Schlaf – Dein Anti-Aging-Wunder, das nichts kostet

Zu wenig Schlaf bedeutet schnelleres Altern, mehr Stress und schlechtere Haut. Du merkst immer mehr, wie wichtig Schlaf für deinen Körper ist. Während du schläfst, repariert dein Körper Zellen, reguliert deinen Hormonhaushalt und sorgt dafür, dass du dich morgens erfrischt und revitalisiert fühlst. Wenn du also das nächste Mal aufs Handy schauen willst, um noch eine Folge Netflix zu sehen, denk daran: Deine Gesundheit – und deine Schönheit – profitieren von einer guten Nachtruhe.

3. Bewegung – Aber mit Spaß!

Keine Lust auf das Fitnessstudio? Dann tanze, geh spazieren oder mach irgendwas, was dir Freude macht! Bewegung muss nicht immer anstrengend oder diszipliniert sein. Wichtig ist, dass du dich regelmäßig bewegst, um deinen Kreislauf in Schwung zu halten, deine Muskeln zu stärken und deinen Geist zu erfrischen. Ein Spaziergang in der Natur, eine kleine Yoga-Session oder ein Tanzabend mit Freunden – all das ist Bewegung, die gut tut und dich stärker und schöner macht.

4. Selbstfürsorge – Weil du es verdienst!

Gönn dir Massagen, Beauty-Tage oder einfach mal eine Stunde Ruhe mit einem guten Buch. Du hast es verdient, dich selbst zu pflegen und zu verwöhnen. Selbstfürsorge ist nicht nur ein Trend, sondern eine Notwendigkeit, um dein inneres Gleichgewicht zu finden und dich zu entspannen. Denn wenn du dich selbst liebst, strahlst du das auch nach außen aus.

Fazit: Wahre Schönheit ist nicht sichtbar – sie ist spürbar!

Pflege dich, liebe dich, ernähre dich gut – aber vor allem: Lebe! Wahre Schönheit ist die, die du fühlst, wenn du dich in deinem Körper wohlfühlst und der Welt in deiner besten Version begegnest. Es geht nicht mehr darum, jünger auszusehen, sondern dich jeden Tag stärker, lebendiger und erfüllter zu fühlen. Dein Körper ist kein Objekt, das du verbessern musst – er ist ein Tempel, der gehegt und gepflegt werden möchte. Sei stolz auf die Frau, die du bist, und genieße die Freiheit, dich endlich ganz dir selbst zu widmen.

Mit 50 auf der Überholspur –Warum die besten Jahre erst anfangen

Früher dachte man, mit 50 würden Frauen langsam den Rückwärtsgang einlegen. Als hätten sie die besten Jahre hinter sich, der Körper würde nachlassen, die Energie schwinden – welch ein Irrtum!

Denn tatsächlich beginnt mit 50 ein ganz neues, glänzendes Kapitel. Dieses Kapitel gehört dir allein. Dein Leben ist keine Endstation, keine Haltebucht für vergangene Zeiten.

Nein, es ist der Startschuss für eine aufregende neue Phase, in der du endlich selbst das Steuer in die Hand nimmst.

Du hast nun die kostbare Erfahrung und die Weisheit von einem halben Jahrhundert gesammelt. Aber nicht nur das: Du hast auch die Kraft und die Lebendigkeit, all deine Träume, die vielleicht lange schlummerten, jetzt zu leben.

Du stehst auf der Überholspur, voller Mut, voller Energie – und das Schönste daran? Du allein entscheidest, wohin die Reise geht.

Warum dein Leben mit 50 erst richtig beginnt

Mit 50 ist es nicht das Ende, sondern ein neuer Anfang. Eine Zeit, in der du dich ganz bewusst für dich selbst entscheidest. Du löst dich von den Zwängen der Jugend, den Erwartungen der Gesellschaft und vor allem von den Grenzen, die du dir früher selbst auferlegt hast.

Hier sind die Gründe, warum du jetzt wirklich auf der
Überholspur bist:

1. **Du kennst dich selbst – besser als je zuvor.**
   Früher hast du dir vielleicht oft Gedanken gemacht, ob du gut genug bist, ob du in ein be-
   stimmtes Bild passt oder was andere von dir
   denken. Heute bist du dir selbst treu. Du hast
   dich all die Jahre erkundet, hast gelernt, wer du
   wirklich bist und was dir wichtig ist. Du weißt
   genau, was du nicht mehr brauchst – und du
   hast eine klare Vorstellung davon, was du willst.
   Du bist mit dir im Reinen, lässt Zweifel und
   Unsicherheiten hinter dir. Die Meinung anderer
   interessiert dich immer weniger, weil du weißt,
   dass dein Glück nicht davon abhängt, gemocht
   oder verstanden zu werden. Du bist angekom-
   men – bei dir selbst.

2. **Kompromisse machen nur Sinn, wenn sie
   dir guttun.**
   Früher hast du vielleicht oft nachgegeben, hast
   dich verbogen, um es anderen recht zu machen.
   Jetzt bist du an einem Punkt, an dem du dich
   nicht mehr klein machst. Du bist nicht mehr
   bereit, dich zu verbiegen, um anderen zu gefallen. Du stellst dich selbst in den Mittelpunkt,
   umgibst dich mit Menschen, die dich inspirieren,
   die dich stärken und lieben, wie du bist. Negati-
   ves und Energieraubendes lässt du hinter dir –
   du weißt, wie kostbar deine Zeit ist. Du bist der

Gestalter deiner Welt, und das bedeutet auch:
du darfst Grenzen setzen und nein sagen.

3. **Zeit für das, was du liebst – und für deine Träume.**

   Vielleicht hast du es früher nicht für möglich gehalten, oder du hattest einfach nie die Zeit – doch jetzt ist der Moment gekommen, all das zu tun, was dein Herz zum Leuchten bringt. Reisen, neue Hobbys entdecken, spannende Projekte starten oder einfach nur in der Sonne sitzen und den Alltag hinter dir lassen. Alles, was du dir immer gewünscht hast, ist jetzt greifbar nah. Keine Verpflichtungen mehr, die dich einengen. Du kannst deinen Leidenschaften nachgehen, du darfst neu träumen und dich überraschen lassen, wohin dich dein Mut führt. Du bist frei – frei, das Leben zu gestalten, wie es dir gefällt.

So gestaltest du dein Leben mit 50 bewusst und kraftvoll

50 zu sein heißt nicht, sich zurückzulehnen und das Leben an sich vorbeiziehen zu lassen. Es bedeutet, aktiv zu werden, Chancen zu ergreifen und dir selbst das Leben zu kreieren, das du wirklich leben willst. Du hast jetzt die Möglichkeit, deine Tage mit Bedeutung, Freude und Sinn zu füllen. Es ist deine Zeit – und du hast alle Freiheiten, sie nach deinen Vorstellungen zu leben.

1. Verlasse deine Komfortzone – und öffne dich für das Abenteuer!
Wann hast du das letzte Mal etwas ganz Neues ausprobiert, etwas, das dich ein bisschen Angst gemacht hat? Wann hast du deine gewohnte Welt verlassen, um neue Horizonte zu entdecken?

Jetzt ist genau die richtige Zeit dafür! Wage es, den sicheren Hafen zu verlassen, und entdecke die Welt mit neugierigen Augen. Vielleicht lernst du eine neue Sprache, reist in ferne Länder, beginnst ein kreatives Projekt oder lässt dich einfach auf etwas ein, von dem du nie gedacht hättest, dass du es tun würdest.

Du bist nicht mehr die Person, die du früher warst – du bist stärker, mutiger und freier als je zuvor. Das Abenteuer wartet auf dich.

2. Erkenne deine Möglichkeiten – sie sind größer als je zuvor!
Mit 50 besitzt du eine Perspektive, die viele jüngere Menschen nicht haben. Deine Kinder sind vielleicht erwachsen und selbstständig, dein Job stabil oder du hast die Freiheit, dein Leben neu zu gestalten. Du kannst bewusste Entscheidungen treffen, die dich weiterbringen und dein Leben noch erfüllter machen. Ob Jobwechsel, eine neue Ausbildung oder ein eigenes Unternehmen – die Welt steht dir offen. Du hast mehr Zeit, mehr Energie und mehr Klarheit. Nutze das! Erkenne die Möglichkeiten, die dir jetzt zur Verfügung stehen, und greife zu.

3. **Lass los, was dich nicht weiterbringt –
   und hör auf, dich zu rechtfertigen!**
   Egal ob du viel arbeitest oder wenig, Single bist
   oder in einer Partnerschaft, verreist oder zuhause bleibst – du musst niemandem erklären,
   warum du tust, was du tust. Du hast deine Entscheidungen getroffen, und sie sind richtig, weil
   sie dich glücklich machen. Schluss mit dem
   Bedürfnis, dich ständig rechtfertigen zu müssen.
   Du bist die Architektin deines Lebens und die
   einzige Person, die wirklich zählt, bist du selbst.
   Nimm dir die Freiheit, dich selbst zu lieben und
   zu achten. Du hast es verdient, das Leben zu
   leben, das du dir wünschst – ganz ohne
   schlechtes Gewissen.

Fazit: Dein Leben – deine Spielregeln

Mit 50 endet nichts, im Gegenteil: Jetzt beginnt die
aufregende Überholspur.

Du hast das Leben gelebt, hast Erfahrungen gesammelt,
Fehler gemacht und Erfolge gefeiert.

Du weißt, was du willst und was nicht. Jetzt ist die Zeit,
alles zu genießen, was du erreicht hast, und dich selbst
zu feiern.

Du hast die Freiheit, dich selbst zu verwirklichen und
dein Leben nach deinen eigenen Maßstäben zu leben.

Schnall dich an, fahre los und genieße jede Sekunde dieser aufregenden Reise.

Dein Leben hat gerade erst richtig begonnen – und es wird noch großartiger, aufregender und erfüllter sein, als du es dir jemals vorstellen konntest. 🌟

Schlusswort: Deine Reise geht weiter

So, meine Liebe – jetzt weißt du alles über die Wechseljahre. Über Hitzewellen, Stimmungsschwankungen,
Schlaflosigkeit und all die kleinen und großen Veränderungen, die diese Phase mit sich bringt.

Aber weißt du, was das Schönste daran ist?
Es ist nicht das Ende – es ist ein neuer Anfang.

Die Wechseljahre sind nicht der Punkt, an dem du zur
Seite treten sollst, um anderen Platz zu machen. Ganz
im Gegenteil! Jetzt ist die Zeit, in der du dir den Raum
nimmst, den du verdienst. Die Zeit, in der du bewusst
entscheidest, wie du leben willst.

Ja, es gibt Herausforderungen. Ja, es gibt Tage, an
denen du dich fragst, was zum Teufel dein Körper da
gerade macht. Aber es gibt auch Tage voller Kraft, voller Lachen, voller Freiheit.

Denn du bist nicht mehr das Mädchen von damals – du
bist die Frau von heute. Und die Frau von heute weiß,
dass sie nicht für andere lebt, sondern für sich selbst.

Was kommt jetzt?
Ganz einfach: Alles, worauf du Lust hast.

Die kommenden Jahre gehören dir. Also geh raus, lebe,
lache, genieße und feiere dich selbst – denn du hast es
dir verdient!

Und falls mal wieder eine Hitzewelle kommt oder du
nachts wach liegst und dich fragst, was zur Hölle dein

Körper da macht – denk dran:
Du bist nicht allein, und du wirst stärker, klüger und
cooler als je zuvor aus dieser Phase hervorgehen.

Fazit: Du rockst das – und zwar so was von!
Danke, dass du diese Reise mit mir gegangen bist. Jetzt
geh raus und lebe dein bestes Leben! ✨

Herzlichst,
Mara